北京市教育科学规划课题"小学语文教学中不同文体的语用实践研究"研究成果

小学语文培养学生语用能力的策略研究

王雪莲 著

首都师范大学出版社
CAPITAL NORMAL UNIVERSITY PRESS

图书在版编目（CIP）数据

小学语文培养学生语用能力的策略研究 / 王雪莲著. — 北京：首都师范大学出版社，2023.5（2024.5重印）

ISBN 978-7-5656-7323-8

Ⅰ.①小… Ⅱ.①王… Ⅲ.①小学语文课–教学研究 Ⅳ.①G623.202

中国国家版本馆CIP数据核字（2023）第015731号

XIAOXUE YUWEN PEIYANG XUESHENG YUYONG NENGLI DE CELUE YANJIU

小学语文培养学生语用能力的策略研究

王雪莲　著

责任编辑　禹　冰
首都师范大学出版社出版发行
地　　址　北京西三环北路105号
邮　　编　100048
电　　话　68418523（总编室）　68982468（发行部）
网　　址　http://cnupn.cnu.edu.cn
印　　刷　河北鑫彩博图印刷有限公司
经　　销　全国新华书店
版　　次　2023年5月第1版
印　　次　2024年5月第2次印刷
开　　本　710mm×1000mm　1/16
印　　张　11.25
字　　数　186千
定　　价　39.80元

版权所有　违者必究
如有质量问题　请与出版社联系退换

序

我们都有过这样的经验,比如学做菜,拿着菜谱仔细研究,备齐所有材料,按照菜谱上介绍的方法去做。然而菜炒出来,味道却与想象中大相径庭。究其原因,不外乎火候大小、放盐薄厚、调料多少等关键因素。若掌握了炒菜的一般方法,长期练习,逐渐掌握火候、调料,发现其中的一些小窍门,久而久之,美味的菜品就能呈现。道理很简单:只有在做的过程中才能学会,炒出的菜才能色香味俱全。学开车也是如此,开车必须是在练习驾驶的时候,在不断磕磕碰碰、不断出错、纠错的过程中,慢慢领悟要领,不知不觉地学会。学开车、学炒菜,要在实际操作的过程中慢慢摸索,才能慢慢学会,学语文也是如此。

语文要学什么呢?老一辈教育专家叶圣陶先生对语文学科有这样的阐述:"什么叫语文?平常说的话叫口头语言,写到纸面上叫书面语言。语就是口头语言,文就是书面语言。把口头语言和书面语言连在一起说,就叫语文。"从中我们可以清晰地了解到:听和说偏重于口头语言,读和写偏重于书面语言。听说读写涵盖了语文教学的全部内容。所以,学语文就是学语言,其核心内容就是学习语言文字的运用。

一说到"学习语言文字的运用",有的老师头脑中立刻想到的就是读写结合,就是小练笔。其实,语言文字的运用既包括在生活、学习和工作等实际事务中的运用,也包括运用语言文字获取信息、与他人交流沟通,为了表达对人、事、物、景的感受、体验和思考,通过形象抒发自己的情怀的艺术性的运用。这样看来,"写"是一种运用,"读"是一种运用,"听"和"说"还是一种运用。所以,一个人只有掌握了听说读写这把钥匙,学会言说、学会交流、学会应答、学会倾听,才能打开和这个世界交往的通道,和这个世界流畅自如地交往。只有学会了和这个世界的交往,他才能获得心灵的生存权。如果我们连最起码的听说读写的能力都没有形成,那么何来语文

1

素养的整体提升？一个连生活技能都没有掌握的人，怎么叫他幸福地、诗意地生活呢？所以我们的语文教学，首先要追求实用，提高学生的语文素养，要让学生养成济世之能。

《义务教育语文课程标准（2011年版）》明确指出："语文课程是一门学习语言文字运用的实践性、综合性课程。"这样的表述，进一步明确了语文课程的核心任务须聚焦于"语言文字运用"，突出"实践性""综合性"特点。语文课程的内容十分丰富，语文教学可以因教师风格的差异而异彩纷呈，但是教学目标和内容都必须围绕一个核心，教学的种种举措和行为也都应该指向"学习祖国语言文字运用，全面提升学生的语文素养"这个核心。

《普通高中语文课程标准（2017年版）》强调了语文课程要以核心素养为本。语文核心素养包括"语言的建构与运用""思维的发展与提升""审美的鉴赏与创造""文化的传承与理解"四个方面。在语文核心素养这四个维度中，"语言的建构与运用"是基础。因为语文核心素养是在积极的语言实践活动中积累并建构起来的，并在真实的语言运用情境中表现出来的语言能力及品质。

自2019年开始全面使用的小学语文统编教材以《义务教育语文课程标准（2011年版）》为依据，着力加强语言文字的运用。不论是练习活动的设计，还是语文园地的内容安排，都引导学生联系生活，在生活情境中运用语文，凸显语文课程实践性的特点。

全国小语会理事长崔峦先生在第九届青年教师阅读教学观摩活动上指出："语文课程是一门学习语言文字运用的综合性、实践性课程。要增强语言文字运用的意识，丰富语言文字运用的内容和形式，加强与现实生活的联系，激活学生自主表达的欲望。"

关于"语用型教学"，特级教师刘仁增作过系统的研究，著有《让语文回家——刘仁增语用教学新思路》一书。他在全国小语界率先提出语用教学观，回答了语文课程为何教、教什么、学什么的本源性问题。王崧舟、薛法根等小学语文教育名家也都提出过"语用"教学方面的理论。

综上所述，语文教学的目标更明确地指向于"培养学生语言文字运用能力"这一本位。指向"语言文字运用"的学习成为语文课程标准倡导的语文教学观，是语文教学的守望和回归。

目　录

第一章　对"语用"的思考与认识 … 1
一、"语用"学习过程中出现的误区 … 1
二、认识"语用"的基本概念 … 2
三、习得"语用"经验的基本内涵 … 4
四、掌握"语用"训练的基本原理 … 8

第二章　聚焦目标，强化语用意识 … 11
一、把准学习语言文字运用的学段目标 … 12
二、定好学习语言文字运用的单元整体教学目标 … 14
三、细化学习语言文字运用的课时目标 … 17

第三章　选择恰切的语用训练点 … 21
一、抓牢字词训练点 … 22
二、盘活词语训练点 … 31
三、用好标点训练点 … 41
四、关键语句训练点 … 48
五、典型段落训练点 … 59
六、篇章语用训练点 … 74

第四章　培养学生语用能力的策略 … 90
一、聚焦文本，关注文本语言表现形式 … 90

二、聚焦朗读，破译语言表达密码……………………………………93

　　三、聚焦实践，在情境中运用语言……………………………………99

　　四、读写结合，自主表达………………………………………………102

　　五、聚焦文体，体验不同学法…………………………………………108

　　六、在语文实践活动中培养学生语用能力……………………………111

第五章　不同文体的语用教学策略……………………………………133

　　一、诗歌的语用教学策略………………………………………………134

　　二、童话的语用教学策略………………………………………………141

　　三、寓言的语用教学策略………………………………………………147

　　四、神话的语用教学策略………………………………………………151

　　五、散文的语用教学策略………………………………………………156

　　六、民间故事的语用教学策略…………………………………………160

　　七、说明性文章的语用教学策略………………………………………161

　　八、小说的语用教学策略………………………………………………167

后　记………………………………………………………………………173

第一章 对"语用"的思考与认识

《义务教育语文课程标准（2011年版）》特别强调"语用"（即"语言文字运用"）能力培养。把"语用"能力作为语文教学的核心目标予以突出。同时，"语用"的相关表述高频出现，比如在"课程性质"部分明确了语文课程的核心任务："语文课程是一门学习语言文字运用的综合性、实践性课程。"在"基本理念"部分指出："语文课程是学生学习运用祖国语言文字的课程。"在"课程设计思路"部分强调"语文课程应注重学生多读书、多积累、重视语言文字运用的实践，在实践中领悟文化内涵和语文应用规律"。可见，培养学生"语用"能力是《义务教育语文课程标准（2011年版）》的核心目标，指向"语用"的学习已成为《义务教育语文课程标准（2011年版）》倡导的语文教学观。同时，《义务教育语文课程标准（2011年版）》也进一步指明了语文课程"学什么""怎么学"两大问题。"学什么"？——"语言文字运用"！"怎么学"呢？——让学生在言语实践中学习语言，在文字运用中学习文字。

一、"语用"学习过程中出现的误区

当前，语文教学要聚焦于"学习语言文字的运用"，这样的理念已经成为老师们的共识。老师们都希望赶紧摆脱"内容理解"的桎梏，寻找到"语言运用"的良药。

通过调研，我们发现：很多教师已经认识到学生"语用"能力培养的重要性，课堂上重视了"自主""合作""探究""开放"等阅读形式，但是对于"语言文字运用"这一本位的探索与实践仍是浅尝辄止，或者说是无从下手。在实际教学中，却出现了一些误区，具体表现在以下四个方面。

1. "语言文字运用"等同于"语言文字理解"

课堂上，教师注重对文本意蕴的讲"深"、讲"透"，力图通过"讲"把学生的语言文字运用能力给提高了，重视学生对文本内容的"知道"和"懂得"，忽视了学生驾驭语言文字能力的培养。

2. "语言文字运用"脱离于"语言文字理解"

有些教师在阅读教学中，往往会脱离课文中相关的"语言文字运用"情境，讨论、评析作品和作者的思想感情问题。没有理解与感悟做基础，使语言文字的运用处于浅表层次，流于形式。

3. "语言文字运用"等同于"语言文字表达"

部分老师认为"语言文字运用"就是读写结合，就是小练笔。于是，一堂课中，多次设计读写结合的环节，时时练、处处练，而不管环节设置合理与否、有没有价值。对于语言文字运用的训练缺乏选择，频频的训练，打断了文章的整体，造成学生"消化不良"。

4. "语言文字运用"缺乏"语文知识积累"

有的教师虽然也比较重视语言文字因素，但是他们偏重于语言、文字等学科知识点的落实，在课堂上单纯地让学生读读背背就辄止了，对语言文字材料的积累只是简单记忆、简单感悟用力不够。缺乏对材料与内容的深厚积累，学生运用语言时也会显得贫乏、苍白无力。

再看当今小学生语言文字运用能力的现状。

我们对本区五年级学生学业水平测试进行分析，发现体现语文基本功的"遣词造句能力"和"体现语言综合运用能力"的"语言表述能力"两方面均存在着许多问题与不足。具体表现在：别字泛滥、词语匮乏、成语误用、病句连篇、标点乱点、修辞乱用等现象。这反映出了学生的语言文字运用能力还有很多欠缺。

认识到以上情况，我们认为：小学语文教学中，全面深入地理解"语用"的内涵，设计有针对性的语用训练，努力培养学生的语用能力，迫在眉睫。

二、认识"语用"的基本概念

有人说，所谓语言文字的运用，大概就是：当你看到眼前落叶缤纷、层林尽染的美景，你能情不自禁地想到"红叶似火""层林尽染"等词语。亦或你会吟出"几行红叶树，无数夕阳山""霜叶红于二月花"这样的诗句来表达自己的心情。如能自己创编出类似"天赐风韵红似火，经霜秋色灿若霞""又是满山红叶时，满城尽带黄金叶""骄阳红似火，秋叶染金黄"的诗句，就是语言文字运用的高境界了吧！

我们所说的"语用"，并不是真正语言学意义上的"语用"，而是学生学习语文后的"语用"。这样的"语用教学"是指教师通过对文本语言的精准把握和学习活动的精心策划，以"语用"为核心，让学生在发现、感悟、模仿、类推、创造等积极语用状态下感受语言魅力，习得读写经验，生长言语智慧，最终促进学生语文素养的形成和发展。

语用，即"语言文字的运用"，涵盖层面较深较广，是指人们在一定的交际环境中对语言的运用。具体说就是根据语境条件和交际需要，选取一种交际双方都能理解的语言符号系统，然后按照这种语言的结构规则，寻找合适的词语形式，组词成句。语用具有情境性、社会性和规约性的特点，包括生活、工作和学习中的听说读写活动以及文学活动。它是指在对语言文字理解的基础上，经过语言加工，使之成为交流和交际的工具，它是语言技能形成的过程，是语文学习的高级体现形式。

"语言文字运用"与"学习语言文字运用"的区别在于：运用是目标，学习是过程。"学习"要有科学方法的引导，方法贵在实践中运用。"学习"体现由不懂到懂、由知少到知多、由不会到会、由不得法到得法、由不能到能的过程。

特级教师刘仁增先生把小学语文教学中的"语用"分为三个层次：第一，凭借以教材课文为主的文本和母语环境，获得言语技能。第二，运用言语技能，在一定的语言环境中正确、合理、妥帖地进行表达，并将已学过的字、词、句、篇等内容，根据语境的需要加以规范、恰当、个性地运用。第三，运用阅读技能自主阅读新的文本，从中获得信息，学得知识，增长见识，丰富精神，滋养心灵，提升能力，解决学习、生活和工作中的问题。

根据心理学家的研究，能"理解的"语言和会"运用的语言"是个体学习语言过程中的两个不同层次的学习水平，只能理解不会运用的语言称为"消极语言"，既能理解又能运用的语言称为"积极语言"。就小学生而言，我们提倡积极语用。主要表现在：语言理解上，能抓住人家的讲话或书写文本所表达的主要内容，能知道一席讲话或一篇文章好在哪里，不好在哪里；语言表达上，能做到文从字顺，条理清楚，词语运用和标点使用基本正确，没有错别字；能懂得根据不同的场合、对象和情景，选用合适的内容和语言；语言矫正上，无论是看自己还是别人的文字，能凭语感初步判断某个词语使用的好坏，某个句子使用的正误与好坏，对语病有改正的能力。培养学生积极语用的能力要遵循语言学习的规律。语言是有规律的，我们教师要指导学生发现规律，学会学习。

三、习得"语用"经验的基本内涵

"语言的建构与运用"是语文核心素养的第一条，语文核心素养的核心是语用素养，从语用经验到语用素养，再到语文核心素养，是循序渐进的。其中，当以习得语用经验为首要。

1.理解

阅读理解是一种言语交际活动，是读者与言语作品进行对话的过程。理解与运用是不可分割的整体，理解是前提和基础，运用要在理解的基础上进行。统编小学语文教材着力培养学生语文核心素养，对学生"语言理解能力"的要求是：能读懂文本的主要内容，了解文本表达上的特点；知道积累优美的、有新鲜感的语言材料，具有初步的语感。

因此，语用视野下的"理解"，既包含理解语言文字所承载的思想内容和文章情感，又要理解作者怎样围绕中心选择材料、组织材料，怎样剪裁布局、分段谋篇，怎样根据表达中心、描述事物的需要，准确地遣词造句、修饰文字等。

从语言材料看：文章的语言材料是为表达思想内容而特定选用的，为什么用这个词语而不用那个词语当然是有讲究的，需要我们引导学生理解这些语言材料的感情色彩，透过语言的表面去探究其内涵的深意，体会这样表达的妙处。

从语言结构看，主要包括词与词的关系、句与句的关系、段与段的关系三种，理解了句、段、篇的结构特点，特别是别具匠心的语言结构，感悟这样的语言组织、构思篇章的表达效果，对提高学生的言语能力至关重要。

从表达方法看，任何人用语言文字表情达意时，都有个方法或手段问题，由于表达思想观点、感情的需要，必然选择一定的表达方法，或叙述、或说明、或议论、或抒情，或多种表达方式综合运用，每种形式都有它独特的表达效果。

理解的重要途径是什么？是读。读是语言文字运用的重要形式。"书读百遍，其义自见。"以读为本，书声琅琅。朗读有三重境界，一是初读时，读懂词句含义，疏通文意，读得正确、流利，整体上把握文章大意；二是在精读时，读出词句段的意义结构，读出感情；三是诵读，读出文本情趣、主旨，读得声情并茂。

2.积累

积累也是培养学生语用能力的重要方面。俗话说："巧妇难为无米之炊。"我们在日常教学中素有重感悟、重积累的习惯。但长久以来，对于语言的积累，我们的理解就是多记好词好句，多背语言素材，坚信量变一定会引起质变。不可否认，词句、语段是语言经验形成的重要物质材料，需要不断累积和丰盈。但是，语言感觉的触动、表达意识的唤醒、文字表现力的灵敏感知，可能是更为重要的语用经验。

首先，学生需要积累语境的经验。为什么选这个字不选那个字，为什么用这个词不用那个词，为什么这么写而不那么写，都是因为表达的需要。学习在具体的语言环境下的语言运用，将影响一个人的语言面貌，决定言语作品的品质。比如：《白鹭》中，"白鹭实在是一首诗，一首韵在骨子里的散文诗。"这里为什么用"韵"，而不是"藏""含"呢？"韵"这个字本来是个名词，有韵味悠长之意，这里做动词用，与课文描绘的意境高度吻合。展现了白鹭精巧匀称、淡雅质朴的形象和悠然自得、超凡脱俗的生活情趣。同时，形象地说明了白鹭的美是内在蕴含的，是浸润于骨子里的并自然散发出来的。一个"韵"字，还内涵了对白鹭的欣赏、赞美之情。这样的字美不可言，令人回味无穷。如果我们的老师能抓住这样的词句，在课上帮助学生深入理解、感悟，相信这样的词句会自然而然地在学生头脑中积累下来，并经久难忘。

其次，学生需要积累语形的经验。语形是指语言的表达形式。语言形式之所以重要，是因为它不仅包含着现代汉语的基本规则，而且是丰富文章表达、增强文章表现力的基本因素。一个人掌握的语言形式越丰富，其表达质量就越高，语文水平也就越强。所以，让学生熟悉并掌握丰富多样的语言表达形式，成了语言经验积累的必然要求。这样的例子很多。比如：《鸟的天堂》一课中"我们继续拍掌，树上就变得热闹了，到处都是鸟声、到处都是鸟影。大的，小的，花的，黑的，有的站在树枝上叫，有的飞起来，有的在拍翅膀"。这样的语句，读着读着，眼前仿佛出现了百鸟争鸣、群鸟乱飞的热闹欢腾、多姿多彩的画面，琢磨文字你会发现：短句与长句间杂，对仗与排比交错，读来抑扬顿挫，清脆利落、节奏感强，顿生欢快跳跃之感，也传递出作者的喜爱、喜悦之情。如果把这句话都改成长句子，节奏就显得慢了，就失去了原句的跳跃感、灵动感、欢快感。语言形式的抑扬美让语言具有了"欢快跳跃"的表达功能。这样的语形经验当然值得积累在学生头脑中。

最后，语篇的经验需要学生积累。语篇可以是一段话、一个句群，也可以是一篇文、一本书。语篇强调的是文章的篇章结构、段落层次，词与词之间、句子与句子之间、段落语篇之间的衔接，以及逻辑思维的连贯等。语篇的积累能从文章整体高度建构语言，是极为重要的写作经验。所以，中高年级的语言经验积累，不可一味停留于词句和语段，需要重视文章的谋篇布局、段落结构、行文运思，让学生从小受到篇章意识的初步渗透和熏陶。比如《落花生》这一课，文章的主题学生不难体会到，可为什么作者选择落花生而不是别的事物来写呢？做人的道理只体现在"议花生"内容中，为什么还要写"种花生""收花生""尝花生"？那时候，"我"才不过十来岁，哥哥姐姐也不过十多岁，他们会种地吗？不会种地，也不懂种地。这些小毛孩，买种、翻地、播种、浇水，但居然收获了。说明花生实在太了不得了，生命力顽强，好养活。这也是花生的优点之一。这些恰恰是学生不容易弄清楚，却又是文章独具特色的写作现象，隐藏着材料选择和篇章结构方面的经验和秘密，需要引导学生去感受和发现。

3.运用

统编教材的编写意图中，要求学生"能根据具体语境（语言情境）和任务要求，在口头和书面语言表达中尝试运用自己获得的言语活动经验，交流顺畅，文从字顺"，以培养学生的语言运用能力。

"运用"有层次之分：一个是规范的、熟练地运用语言文字，重在要求在运用语言文字时遵守已有的、共同的语言和言语规则。这也是我们语文教学中经常做的事情。比如字词的发音、课文的背诵、汉字的书写等，这些常见的、基本的语言表达技能，可以通过教师示范、学生模仿和教师提供反馈及纠正的方式有效习得。即引导学生学习课文，发现其中或读或写的规律性知识，然后借助这种语言范例，有意识地创设语言表达的情境，精心策划和设计或听或说或读或写的学习活动，让学生把在课文中学到的语用方法迁移运用到新的语境中去，交流感悟心得，迁移语言表达。在具体的情境中加深语言积累，内化言语表达技能。正像苏霍姆林斯基所说的，使积累的语言"跟他自己所做、所见、所观察和所想的东西联系起来"。

"语用"的另一个层次是出色地、有创意地运用语言文字，是在规范运用的基础上更高的一个层次。是创造性地运用语言，是对规范运用的超越，是对既有语言和言语规则的突破。比如在学习《我的"开心果"》一课时，学生自己创作的读书名言"如果没有书，我们的生活就没有光彩""蜂采百花酿甜蜜，人读群书明真理"等，就是对自己感悟的一种创编。

"运用"还有内容之别：既包括运用课文中学到的语言文字的基本规律，指的是根据表达的需要如何选择正确、恰当的语言材料和内容。也包括运用从课文中学到的语言运用的基本规律，是说这些语言材料和内容怎样使用才能达到最佳的表达效果。

比如统编教材《穷人》一课中有一系列的训练要求："从课文中找出描写人物对话和心理活动的句子，有感情地读一读。说说从这些描写中，可以看出桑娜和渔夫是怎样的人。"这是从文本中找出句子，作为例子反复朗读、体会对人物对话和心理活动的描写。而后安排的"小练笔"环节：

"是啊，是啊，"丈夫喃喃地说，"这天气真是活见鬼！可是有什么办法呢！"

两个人沉默了一阵。

沉默中，桑娜会想些什么呢？联系课文内容，写一些桑娜的心理活动。

这个问题的设置，正是承接上面问题，联系课文内容，让学生进入文中角色的内心，在理解文意、体会情感的基础上进行的小练笔。

而在文章结尾处，"桑娜拉开了帐子。"此时，渔夫看到了两个孩子，他们又会有哪些心理活动呢？又会有怎样的对话呢？以此话题，引导学生继续揣摩人物的内心，展开想象，写出桑娜和渔夫的心理活动或者他们之间的对话。

此时的表达,实现了由口语向书面语的转换。学生写完后,在小组内、全班进行交流分享。交流分享的过程既是运用听说能力的过程,也是培养学生听说能力的过程,同时还是培养情感、价值观的过程。

这样,三个问题的连贯处理,既帮助学生深入地理解了文本的意思、感悟了文中要表达的情感,迁移了心理活动和对话的描写方法,又很好地落实了本课的训练重点,落实了多重运用。

四、掌握"语用"训练的基本原理

美国学者格雷把阅读心理过程分为四个步骤:感知——看到文字,读出字音;理解——把单词转化为意义;反应——领会作者说的是什么;综合——与实际联系的应用。其中,"反应"和"综合"的过程,其实就是直面语言材料、感知文字符号的个性化的感悟和体验。通过思维把握言语的意义,最终因体悟而内化,积贮语言材料,熟悉语言规则,纳入自己的语言图示和知识体系中,积累起来。在表达需要时,调动自己的语言积累,迁移和改造原有语言,形成自己的规范,熟练甚至创造性地"运用"语言。

1.语言的感悟与发现

按照美国学者格雷先生的阅读心理过程,就有"感知——看到文字,读出字音""理解——把单词转化为意义""反应——领会作者说的是什么"这三个过程指向阅读理解。由此可知,阅读是由感知、记忆、思维、想象以及判断、推理、评价、解决问题等智力行为构成的认知过程。

学生对文章的初读感受不能仅仅满足于对语言内容的理解、文章情感的感受,更重要的是发现作者用什么样的语言形式达成作者要表达的意图。不同的语言有各自不同的特点,指导学生通过听、看、读、说等途径,从整体上感受语言材料,从语言运用的角度,寻找、挖掘、发现这些各具特色的语言形式,扣住某些语感因素很强的内容,借助于语言知识,联系生活经验,深入品味语言,使学生进一步领悟语感。如从语音方面、遣词造句方面,让学生对语言进行比较、推敲、品味,以领悟语言运用的规范确当性;从概念、推理、判断上,让学生对语言进行比较、推敲、品味,以领悟语言的逻辑严密性;从适应语境方面,语体要求方面,让学生对语言进行比较、推敲、品味，以领悟语言运用的适境得体性；从文章整体组合上，材料搭配上，语言表达上，让学生对语言进行比较、推敲、品味，以领悟语言运用的和谐性；从文章的情感上、质地上、气势上、韵味上，让学生对语言进行比较、推敲、品味，以领悟语言运用的情味感。

2.语感的触动与体验

无论是哪一类知识，要实现从知识到能力的质变，只停留在对语言内容的感知与理解，不经历"体悟"与"练习"是不可能做到的。而"体悟"和"练习"的过程，就是一种感悟和体验。只有语言体验，才能让学生沉入语言情境，触摸到语言温度，感受到语言形象，获得语言经验，把握语言规律，掌握语用技能，从而为规范、熟练甚至创造性地运用语言奠定坚实的基础。而感悟和体验正是语用教学的核心环节。

语用教学中的体验要在学生听说读写的语言实践中进行。首先是对语言形式及其对语言内容表现力的体验，体悟语言表达的精妙，丰富、细化语用经验；其次是对语言规则及其在具体语境中运用的体验。

因此，我们要指导学生开展朗读重点段落、交流感悟心得、撰写语感随笔等活动，让学生感悟语言之神妙，洞察语言之精髓，把握语言之理趣。通过语言规律的习得和语用经验的积累，从语言实践中习得感悟，生成、进而创生出每个人"自己的语言"。

3.言语的生成与转换

就语文学习来说，在发现语言现象的过程中，把学生顿悟上来的东西上升到概念和规则，并用概念和规则指导自己新的阅读和写作经验，这样就实现了言语的生成与转换，达到学习语言文字运用的目的。

语文教学中的"语言转换"需要在具体的教学实践中得到具体体现，其包含语言表达形式、语言观念以及语言文化思维等特点，更需要通过综合性、全局性策略的实施来实现。

教师需要引导学生进行背景、情感、主客观等方面"转换"，使课内书面语言学习与生活中语言运用能够得以转化，使课文中语言、社会生活中语言与视听语言等结合起来。因此，言语的生成与转换指向"言语主体""语境""言语活动""生活世界"等。如：让学生直接复述《牛郎织女》这篇课文，教学会了无生趣。但如果创设情境："假设时间是在农历七月七日，你正在仰望天上的银河，请你讲讲牛郎织女的故事，要从'鹊桥相会'讲起"，或者设计成："把这个故事改写成一个电视剧本，看看需要多少个镜头？"精彩的言语也就创生了！

言语的"生成与转换"重视从语言现象中总结言语的内生规律；它既指向"言"，同时又指向"意"，最终达到"言意共生"。按照"言—意—言"互转的规律，在体验与运用中，培养学生以语言运用能力为主的综合素养。

第二章 聚焦目标，强化语用意识

《义务教育语文课程标准（2011年版）》明确了学习语言文字的运用是语文课程区别于其他课程的根本之处，只有在语文教学中完成教会学生语言文字运用，提高学生语言文字运用的水平，才是真正地进行语文教学。

统编教材以《义务教育语文课程标准（2011年版）》为依据，非常重视对学生语言文字运用能力的培养，无论是统领整个单元的"语文要素"，还是每一课的课后习题，或是"习作教学""口语交际教学""学习园地"等栏目，都以各种不同的形式安排了关于"语言文字运用"方面的内容，且指向"学习语言运用"的题目明显增多。

那么，教师课程目标意识的强与弱、目标定位的宜与反、目标实施的合与错，决定了课堂教学质量的高下、学生语文素养的虚实以及师生教学生活的苦乐。

我们语文教师不仅要具有扎实的语言文字知识功底，还要有将知识运用于教学的课程目标意识和能力。要强化学习语言文字运用的意识，要站在课标的高度理解教材、处理教材、设计教学活动，教学过程应当处处帮助学生学习语言文字知识，提高运用能力。

教学目标是课堂教学的灵魂，教学目标的确定是以课标、学生、教材为依据的。只有教师认真钻研课标、研读教材，聚焦"学习语言文字的运用"，才能正确地理解和把握教材内容，才能从中发现"工具性"与"人文性"和谐统一的关键点，挖掘出学习"语用"的生长点。才能确定明确的教学目标，在聚焦"语用"的过程中，引导学生吸收古今中外的优秀文化，提高学生的思想文化修养，促进精神成长。

一、把准学习语言文字运用的学段目标

全国小语会理事长陈先云同志认为："学习语言文字运用"要把准"学习语言文字运用"的学段目标，到位而不盲目越位。的确，教师在解读教材时，首先要充分研读《义务教育语文课程标准（2011年版）》，与课标展开积极的对话，努力体现课标所倡导的理念。同时，课标规定了语文教育质量的最低目标，它具体回答了学校语文教学在不同阶段应该教什么、学生应该学什么的内容标准。因此，我们在解读教材时，首先应依据课标，明确教材所处学段的课程目标。

《义务教育语文课程标准（2011年版）》对第一学段的具体要求中，对"识字与写字""阅读""习作""口语交际""综合性学习"几个方面都提到的词语，就是"兴趣"，其次是"习惯"。因此，低年级的教学重在激发兴趣，培养习惯，保护儿童天性上；重点要做到"四好"：认好字，写好字，学好词，读好文；识字写字、学词学句重在方法的学习与指导，要抓住那些对阅读理解有帮助、有启发、可以迁移运用的关键点，要联系学生生活经验进行理解与运用，打开学生的思路。

我们再来看《义务教育语文课程标准（2011年版）》第一学段的目标中，"阅读"和"写话"两个内容的具体目标要求：

在阅读理解方面，强调：结合上下文和生活实际了解课文中词句的意思，在阅读中积累词语。借助读物中的图画阅读；认识课文中出现的常用标点符号。在阅读中体会句号、问号、感叹号表达的不同语气。

在写话中重点要求：在写话中乐于运用阅读和生活中学到的词语；根据表达的需要，学习使用逗号、句号、问号、感叹号。

对比这两处学段目标，我们发现：

1.低年级学段

低年级学段，抓住关键词句，让学生感受什么是规范的、好的语言，是引导学生学习语言文字运用的最重要的基础。因此，要加强识字、写字教学，识好字，写好字，读好课文，理解少量的重点词、句，积累语言。在阅读理解上，没有理解课文内容的目标，主要是在阅读中感受、积累，理解词、句，学习从文中提取简单信息的要求。因此要突出"四要素"，即：读（多种形式的朗读）、说（敢说想说）、背（背诵积累的内容要有价值、终

身受用）、演（在游戏、活动中学习运用）。即"学习"语言文字运用，然后在尝试表达中迁移运用所获得的语用能力。

2.第二学段

第二学段在对学生进行语言文字运用的培养方面有以下要求。

（1）重视围绕听（倾听与提问）、说（说具体连贯）、读（表达感情的朗读方式）、写（围绕一个意思写完整、写具体）开展语文教学活动。

（2）确立教学目标以段为主，逐步向篇章过渡，渗透学法指导与运用。

（3）逐步树立训练意识，重视从文本中发现、挖掘语言文字训练点。训练点宜小不宜大、宜具体不宜空泛。

（4）增强学生的主体意识，要提供一定的时空主动学，提高自主学习的能力，既要保证学习的趣，又不断提升学习的质。

（5）了解学生的已知（经验、能力、水平），取舍学生的未知，激发学生的想知，引导学生的需知。

（6）加强语言的积累，逐步将文本语言内化为学生的语言。

（7）教师要提升自身的课堂语言质量，为学生提供示范。

可见，第二学段主要是抓住语段品味秘妙和尝试表达。具体来说，要让学生对字词有真正深入的理解，从而引导学生感悟作者遣词造句的精妙；要着力让学生感受连句构段的特点方法，理解语言的结构，感悟语言运用的奥秘；要指导学生学习语言的组织概括；要引导学生在实践中尝试表达。

3.第三学段

第三学段在对学生进行语言文字运用的培养方面有如下具体要求。

（1）挖掘文本蕴含的核心价值，找到、找准语言文字运用的切入点，要学会取舍，力争一课一得。

（2）加强体会、揣摩文章表达方法的学习，重视读写结合。

（3）增强文体的意识，注重整体性，明确教学的重点是什么、难点是什么。

（4）语文学习要言意兼得，通过语文实践活动得意得言。

（5）注重语言学习的开放性，在生活中、大自然中学语文、用语文，不断扩大学习运用的领域。

（6）注意综合运用小学阶段掌握的阅读和习作的方法，形成综合运用能力。

所以，在第三学段要关注文体及其写法。学生要把握课文整体，包括把握课文的主要内容；体会文章的思想感情；感悟文章的结构特点。我们要根据"这一篇课文"的结构特征，引导学生感悟出"这一类文章"的结构规律，以便学生在今后的阅读和写作中加以运用，形成篇章深层结构的把握和表达能力。在这一过程中，引导学生从大量的言语实践中发现自己最喜欢的表达方式，并努力在各种言语实践中创造性地使用自己的语言，并在使用中发现自我，逐步形成具有自己风格的表达方式。

二、定好学习语言文字运用的单元整体教学目标

统编小学教科书以"语文要素"统领每个单元的教学，以语文实践安排教学，实现了课程内容的具体化。语用化的语文知识呈现，为课堂教学提供了重要平台和有力支撑。研读统编教材，要以单元为单位，发现每一篇教材的独特性以及这篇教材在整个单元中的意义，增加单元内课文的横向联系，发现一个单元各内容之间内在的关联点，即语言文字运用的点、培养和提升学生语文素养的教学点。如"复述""细致表达""对话"等，引领学生自己发现，自己感悟，自己实践。

比如：统编教材四年级上册第八单元以"历史传说故事"为主题，以"了解故事情节，简要复述课文"为阅读部分的语文要素。"复述"本身就是培养学生语用能力的训练点。本单元"简要复述"这个语文要素的落实体现在单元各个板块之中，应注意本单元各项内容之间的联系和整合，适当调整板块顺序。

"了解故事情节，简要复述课文"这个语文要素的落实，体现在本单元三篇课文的教学中。这三篇课文，分别承担着"讲故事""简要复述课文""按照事情发展先后顺序复述课文"的任务。本单元，关于简要复述能力的锻炼，教材中这样安排：

《王戎不取道旁李》的课后要求："结合注释，用自己的话讲讲这个故事。"本文篇幅虽然较短，但这是一篇文言文，用自己的话讲故事就是简要复述的基础。这时，可以运用"要素串联法"，即找出时间、地点、人物、事件等基本要素，把这几个基本要素理清，用词语串联起来，就是对文章内

容的简要复述。

《西门豹治邺》的课后题要求非常明确："简要复述课文。"提示是："摸清底细→惩治巫婆和官绅→兴修水利"，也就是运用了情节罗列法。提示学生厘清文章的主要情节，再分清哪些是主要情节，哪些是次要情节，然后，截取主要情节，在主要情节的指引下，再进行简要复述。

《故事二则》一课的学习提示中要求："默读课文，找出课文中表示故事发展先后顺序的词句，再简要复述这两个故事。"对于简要复述，教材都给了方法的提示，分别提示了关键情节和关键词句。

同样是按照事情发展顺序叙述的文章，《西门豹治邺》更重要的方法指导是筛选出主要内容，抓住主要内容进行复述，省略其他内容。而《扁鹊治病》则是关注表示时间的词句，了解叙述的顺序，进而进行复述，以利于不遗漏情节。这样，本单元语文园地中"注意顺序和详略"的方法提示也就出现了。

在语文园地的"交流平台"中，同样有对于简要复述方法的提示："简要复述，要注意以下几点：多读课文，熟悉课文内容；抓住主要内容；按照事情发展顺序进行复述和注意课文中一些提示顺序的词句。"在语文园地的"词句段运用"中，教材编排了三组句子，引导学生通过比较体会详写具体生动、略写简单明了的不同表达效果。通过提取主要信息、使用间接引语、提炼概括信息等方法，引导学生删去或适当省略解释性和描述性的内容，练习长话短说，是一次辅助简要复述的单项训练。

综上所述，本单元的学习，复述是能力目标，实现复述的多种方法的积累、运用是方法和策略目标。

基于以上分析，再结合每课的具体要求，我们这样定位本单元重点教学目标：

首先，基础知识方面："认识33个生字，读准1个多音字，会写20个字，会写12个词语。"

其次，根据《王戎不取道旁李》中"通过解释'树在道边而多子，此必苦李'的原因，感受到王戎善于观察、思考的智慧和品行"；《西门豹治邺》中"能借助第10—14自然段中描写西门豹言行的句子，说出西门豹的办法好在哪里，感受他的智慧"；《故事二则》中"和同学交流，从故事中明白道理。能感受到纪昌苦练基本功，有学习的恒心和毅力的特点"这三个问题，确定第二个目标为："能通过描写人物言行的句子，感受人物形象，明白道理。"

最后，根据《王戎不取道旁李》中"结合注释理解课文内容，并用自己的话讲述故事"；《西门豹治邺》中"能根据提示梳理故事情节，简要复述课文内容"；《故事二则》中"找出表示故事发展先后顺序的词句，简要复述故事"这三个要求，确定第三个目标为："能了解故事情节，简要复述课文。"

本单元的另一个语文要素是"写一件事，能写出自己的感受"。关注的是表达能力的提升。本单元的三篇文章都有指向"感受"的题目训练，在《王戎不取道旁李》中，课后题要求说说为什么"树在道边而多子，此必苦李"。这是理解"看到了什么，人物想到了什么"。《西门豹治邺》中有这样的思考要求："找出第10—14自然段中描写西门豹言行的句子，说说西门豹惩治巫婆和官绅的办法好在哪里。"《故事二则》在学习提示中要求："和同学交流你明白的道理。"三篇课文都运用不同的表现手法，描写人物形象，写出了独特的感受。根据"从情境中提取素材要来源于真实的生活情境""写清事情的经过和当时的感受""用上写心情的词语"这三个要求，确定第四个目标是："从生活出发，写清事情的经过和当时的感受，写完学习修改，再誊写。"

再比如：统编教材习作单元是直接体现培养学生书面表达的内容。每个习作单元都安排了"精读课文""交流平台""初试身手""习作例文""习作"五个内容。"精读课文"的主要功能是从阅读中学习写作的方法；"交流平台"是结合对精读课文的分析，梳理总结从课文中学到的写作方法；"初试身手"是让学生尝试运用学到的写作方法进行表达练习；"习作例文"提供范例，其功能是继续体会写法；单元习作是引导学生运用学到的习作方法进行实践。

比如：统编教材六年级上册第五单元的语文要素是"体会文章是怎样围绕中心意思写的"，习作要求是"从不同方面或选取不同事例，表达中心意思"。围绕这一要素，安排了写人、记事、写景等不同类型的课文。《夏天里的成长》写的是万物在夏天都在长。文章最后点明了"人要赶时候，赶热天，尽力地成长"的道理。《盼》写了小姑娘蕾蕾得到了一件新雨衣，于是天天盼望下雨。有一天放学后下雨了，可妈妈又不让蕾蕾出去，她只能干着急。第二天，蕾蕾终于穿上了雨衣。所以，我们制定的第一个重点目标是："默读课文理解课文内容。"

《夏天里的成长》一文，作者围绕"夏天是万物迅速生长的季节"这个中心意思，选取了瓜藤、竹林、高粱、稻秧、甘蔗等生物的生长情况和水、瀑布、河、铁轨等没有生命的物质的成长以及人的成长，这些事例真实地体现了中心。《盼》这一课，围绕"盼"这一中心意思，选取了"等下雨、盼下雨、想象雨点落在雨衣上的情景"等几件事，刻画了一个天真可爱的小姑娘形象。分析这两篇精读课文，我们制定出本单元第二个重点目标："体会文章是怎样围绕中心意思来写的，学会从不同方面或选取不同事例表达中心意思。"

根据本单元习作的要求，"老师指导学生领悟汉字内涵。选出材料后交流，互相提建议后修改。"成为本单元第三个重要目标。

习作单元每一项内容的安排，目的都不是像普通单元那样理解文意、感悟情感，而是一定要指向学生习作能力的培养。

三、细化学习语言文字运用的课时目标

设立好单元整体教学目标后，就要考虑把这些整体目标落实到每一课具体的教学目标中。如何立足于语用意识，精准确立每一课的教学目标呢？

1.增强"语用"意识，立足"本体性目标"

吴忠豪教授提出了阅读教学中的语文本体性知识相关理论："语文课程的教学内容分为两类：一类是语文本体性教学内容，一类是非本体性教学内容。语文本体性教学内容包括语文知识、语文策略和语文技能。非本体性教学内容包括情感、态度、审美、价值观教育、多元文化的学习、思维能力和创新精神的培养等。一般来说，情感、态度、价值观是在语文实践活动中自然而然渗透的，这些非本体性目标不应该成为语文课研读的'终极目标'。

比如《姥姥的剪纸》一课中，"研读课文，体会技艺之精，感受祖孙情深"就指向于"人文情怀"，非语文的本体性目标，吴忠豪教授帮它修改为："读姥姥技艺之'神'，学习品读的方法。"这样，教学的目标定位就变成了"学习品读的方法"，这是语文课"语用意识"起主导作用的必然产物。

再比如低年级《小花狗学游泳》一课，教师设计的教学目标为：

（1）识写生字"冠、甘、适"，会读指定的词语。

（2）朗读课文，读准字音，理解课文内容。知道小花狗是怎么学会游泳的。

（3）懂得做任何事情都要符合实际，发挥自己的特点。

这些目标中，以"非本体性目标"为主，也是没有体现"语用"教学。这时，我们发现教材的课后练习部分有这样一道习题："用自己的话说说小花狗是怎样学会游泳的？"对比上述目标中的"知道小花狗是怎么学会游泳的"，我们不禁要问："要达到什么程度就是'知道'了？通过怎样的方法让学生'知道'？"显然，这个目标过于笼统，不能有效引领教学。

经过修改，本课的教学目标确定为：

（1）正确认读8个生字，会写"冠、甘、适"3个生字，会读指定的词语。通过联系上下文和结合生活实际，在语境中理解"冠军、不甘心、适合"等词语的意思。

（2）朗读课文，感受童话故事的有趣，使学生产生喜欢童话故事的情感。

（3）能用自己的话说一说小花狗是怎样学会游泳的。

（4）使学生懂得做任何事情都要符合实际，发挥自己的特点。

这样的教学目标中，"学习生字词，朗读课文，理解重点词语的含义"符合低年级段"本体性教学内容"的特点。"能用自己的话说说小花狗是怎样学会游泳的"，这个目标关注了表达形式，是要培养孩子们口头表达能力，这个目标就成为除"朗读"之外重要的"语用"目标，有利于围绕学习语言文字的运用展开教学。

2."语用"目标要具体、翔实，体现过程与方法

语文课程目标是从知识与能力、过程和方法、情感态度价值观三方面设计的。"过程和方法"是实现"知识与能力""情感态度价值观"目标的桥梁、纽带，是掌握科学的学习方法的途径。我们在制定教学目标的时候，要寻找对形成学生语用能力有实质性作用的、有"程序性、策略性"的知识或教学内容，明确该抓哪些重点句、段进行理解，制定具体、翔实、合理，能体现教学过程和方法的语用目标。

例如：北京版教材12册《母亲的纯净水》第2课时教学目标：

第二章 聚焦目标，强化语用意识

"体会母亲在细微处对子女的关爱，懂得穷并不可怕，它也许是促进人们奋发进取的动力，使人产生改变自己生存环境的勇气，去创造自己的未来。"（教参目标5）怎样体会？怎样理解？这些是通过什么方法体会出来的？如果细化就可以改为"理解文中'母亲'的话及女儿的认识。（即17、18自然段）懂得对'穷'的认识不同，结果就会不同"。这样，学生就知道要抓住母亲的话和女儿的认识去体会人物的性格了，授课的重点也就有的放矢了。

"有感情地朗读课文。"（教参目标3）通览全篇课文，是每个自然段、每句话都需要有感情地朗读吗？一些平铺直叙的句子能读出怎样的感情呢？如果每句话都进行有感情地朗读，全篇课文能自然地读下来吗？会不会很是拿腔拿调？不如改为"有感情地朗读第17、18自然段"。这样，就做到了长文短讲，将大家的目光聚焦在重点段上了。

而教参中的目标4"能对文中人物进行评价，并且写出来。"这个目标缺乏学习过程、方法的指导。如果改成"体会'不是……也绝不是……只是……'在表达上的作用及文中连续使用三个比喻的作用。能把文中连续使用三个比喻的语句改为排比句。写一段读后感，表达自己对'穷'的认识。"对比一下，修改后的目标更加具体，更加明确地指向于学生语言文字运用能力。

统编教材六年级上册《少年闰土》一课中，有"仿照第1自然段，描写一幅照片呈现的生活瞬间"的目标。由于目标的指向很不明确，很多老师不理解这道题的真实意图，只简单地让学生去描绘自己最喜欢的一张照片。其实，如果我们能细化一下这个目标，加上两个小问题"想一想，文章为什么要以'刺猹'的画面开头？"因为大家知道，闰土曾经告诉过鲁迅很多有趣的事，比如：雪地捕鸟、到沙滩边去捡贝壳、捉跳跳鱼。但是，为什么这些画面没有成为文章的第一个画面？显然，在鲁迅的童年记忆中，印象最深的就是这个"月下刺猹"的画面。为什么？首先，它太符合少年的心理特征了，月下刺猹，充满惊险、充满神秘、充满刺激，这正是那些只能看见高墙内四角天空的少爷们最为渴望的趣事；另外，在所有能够回忆起来的关于闰土童年的画面中，没有一个画面显得如此精彩、如此美好、如此诗意了，它实在太完美了。在这里，"月下刺猹"又是一个具有典范意义的精心选材的语文现象。

在前面问题的引领下，学生弄清楚了用闰土"月下刺猹"的画面描写切入，找到了语用训练的点——文章写作应该"选择典型材料"。此时，我们不妨设置后面的目标"选择一个给自己留下深刻印象的人，在头脑里形成一幅类似'闰土看瓜刺猹'这样的画面，用文字在纸上'画'下来"。

这样，目标更加精准，学生"仿写"的语用练习会落实得更加深入。

3. "语用"目标要结合学情特点

教师在研读语文教材时，首先根据《语文课程标准》中对不同学段教学提出的不同要求，合理制定出语文教材单元中学生要掌握的语文知识的"点"、语文学习策略的"类"和语文技能的"块"。结合学生年段特点，把阅读教学的课时目标进行合理的界定。

《白杨》一课的教学目标有四点，其中两点是：

（1）抓住重点词句，联系上下文，体会白杨的特点和爸爸的心愿。

（2）体会借物喻人的写作特点。

分析这两个教学目标，我们发现，它只是说要抓住重点词句，联系上下文理解和体会借物喻人的写作特点，却没有明确告诉我们本课该抓哪些重点词句进行理解，以及通过什么方式、方法体会借物喻人的写作特点。如果能结合年段目标深入地研读文本，就可以细化本课的教学目标为：

（1）有感情地朗读课文，抓住关键词句"哪儿……哪儿……不管……总是……"和"不，他是在表白自己的心"来体会白杨的特点和爸爸的心愿。

（2）通过理解课文"爸爸看见几棵白杨……而感到欣慰"这一段中的"高大的白杨、小树、风沙"来体会借物喻人的写作特点。

这样，结合"学情"细化教学目标，教学时就有据可依了。

总之，在语用意识的观照下，语文教学课时目标的制定，应立足于本体性内容，夯实技能性方法，突出年段特点。唯有这样，教学目标方能不在教学实践中踩空，体现出其应有的价值与功能。

第三章　选择恰切的语用训练点

构建基于语言运用的阅读教学，教师要在心中有目标、保证时间的前提下，选择好能引导学生在阅读中练习表达的切入点，即语用点。所谓语言文字的训练点，就是在语文教学中，根据《语文课程标准》对不同年级的具体要求，结合课文的内在训练因素，按照学生的实际知识和能力水平所确定的语言文字的训练单位或部位。恰切的语用点，是激发学生情感和思维的打火石。语用点选得好，学生不但能做到有话可说、有情可抒、有理可议，而且能做到有文采地表达。如何选择语用点？这就要求教师必须认真研读教材，教材中精当的用词、多变的句式、丰富的修辞、生动的描述、严密的说理、巧妙的构思……从文本的内容和形式两个方面去寻找，这些语文因素都是训练的素材。

对于一篇课文来说，通篇都是学习语言文字运用的内容，但如果"眉毛胡子一把抓"，什么都抓，那就会什么都抓不到。记得一位老师讲《清澈的湖水》，一节课的时间大小设计了9次说话练习，看似很重视学生语言文字运用能力的培养。其实，课堂的时间是有限的，当课堂上充满了语言文字训练点，那每次的语用训练必定都是浅尝辄止，每一个环节都没有走实。因此，训练点一定要精选。只有精选出来的训练点，才能有力量把它做实。

对低年级的学生来说，语言文字训练的重点应落在词句上，即识好字、写好字、学好词、读好文、写好话；而对于中年级学生来说，语言文字训练应该更加注重围绕句段和表达；高年级语用训练应更加关注篇章、文体和写法，深入挖掘、提炼文本蕴含的核心价值内容。

语文课，最高的境界还是"言意兼得"，既学习了语言文字运用，同时也把握了文本的人文之美，体会到文字的内涵。要想实现这样的目标，就要求我们在选择语言文字训练点时应根据课程年段目标、单元目标、教材特点及学生实际，从字词句段篇和语修逻文等方面，将"得言"与"得意"巧妙地结合在一起。那么，以"语用"为核心的阅读教学有哪些独具特色的切入点呢？

一、抓牢字词训练点

众所周知，"语文课程是一门学习语言文字运用的综合性、实践性课程。"汉字作为语言的最小单位，也需要在运用中来巩固。学生认识汉字，了解汉字在词句、文中的意思，并且能够很好地运用于说话、阅读和写作，才能够体现汉字的价值。因此，在识字教学中如何设计语言训练点，培养学生的语用能力是老师们关注的话题。

在识字教学中，学用结合是开启儿童心扉的好办法。识了字就要用，会运用，才是真正的掌握。听说读写训练就是把所识的字付诸应用。在低年级，以语言训练为中心，把识字、阅读、口语表达、写话结合起来是一条行之有效的途径。

1.学习独立识字，交流识字方法

《义务教育语文课程标准（2011年版）》指出："识字教学要将儿童熟识的语言因素作为主要材料，同时充分利用儿童的生活经验，注重教给识字方法，力求识用结合。"同时，《义务教育语文课程标准（2011年版）》还对低年级段学生提出"学习独立识字"的要求。这就需要学生了解独立识字需要的"程序性"知识，知道"做什么"和"怎么做"，能熟练运用。并且在有实际意义的语文实践——阅读和写作中识字。"力求识用结合"这个目标的达成需要经历从"知道"怎么做，"懂得"怎么做，到"学会"怎么做，直至"熟练"的过程，其间必须有大量的独立识字的实践，以及老师的点拨，才能具备独立识字的能力，促进学生语用能力的形成。

在学生独立识字、掌握简单部件的基础上，在教学中可讲些构字规律（如换偏旁、换部首、部首加笔画、偏旁加部件等）帮助儿童识记字形，培养学生举一反三的能力。

例如：可以这样引导学生学习生字：在课上直接分组交流，用自己喜欢的方法记忆汉字。然后进行集体交流：说说你从同伴那里学到的生字；你的见解；谁也喜欢这个字，有没有更好的方法记这个字；不明白的可以向同伴提出问题。最后说说我的发现：从这一课的哪些生字中，你发现了什么识字方法？什么识字规律？

比如有的学生说，我认识"好"字，我是这样记住的："妈妈对我好，所以我记住了'女'和'子'组合到一起就是'好'。""我发现了'烧、空、远'都是形声字，'火、穴、辶'表示字形，'尧、工、元'表示字音。"

鼓励学生用自己最喜欢、最习惯的方法认识汉字，提倡学生运用记忆规律，发现新字和已学过的字之间的联系，找到识字的方法。当学生把识字方法告诉别人时，老师一定要鼓励学生，让学生充分享受学习的快乐，从而更加主动地寻找更多的识字方法。

请看下面的案例：

师：（创设情境）聪明的小朋友，想让花儿开得快些吗？来，我们请小雨点来帮忙吧！

（教师顺次贴出写有生字的"小雨点"卡片"挠、拍、抱、抄、拦、擦"。）

师：小朋友们，和我们的生字宝宝问个好吧。

生：挠，你好！拍，你好！

师：剩下的生字一起问声好吧。

生：抱、抄……你们好！

师：你想教大家认什么字？用什么方法记？

生：妈妈手里拿着一个包——抱。

师：呵，这是给'抱'字编了一个小字谜呢！真棒啊！

生：兰兰有一双胖乎乎的小手——拦。

师：能把学过的知识加以运用，真不错！

生：我想教大家认"拍"字，用换一换的方法，把"伯"的"亻"换成"扌"。

生：我用加一加的方法，兰州拉面的"兰"加上"扌"。

师：你知道得可真多！

生：我记"擦"，我每天上学都要路过检察院，检察院的"察"加上"扌"就是"擦"。

师：真是一个聪明的孩子！你平时很注意观察周围的事物。

师：这些字有什么特点？

生：都是提手旁的字。

师：你们的心可真齐，都想到一块去了。再给你们一分钟记生字。（学生记生字）

师：下面我们一起来做个游戏，老师做动作，你们来猜猜是哪个生字。（学生根据动作猜生字）

在民主、平等的学习氛围中，学生利用生活经验记住了"抱、拦"，又运用加一加、换一换的方法认识了"拍"，用生活中识字的方法记住了"擦"。

接着，引导学生在丰富多彩的游戏中识字，通过猜一猜、动作演示，寓教于乐。最后，让学生找生字的特点，知道这些字都和手有关，揭示构字的规律，在学习中达到触类旁通的效果。

低年级"学习独立识字"的教学目标，就是在学生由开始的笔画记忆独体字，发展为部件记忆合体字，运用加一加、减一减、换一换记字法，猜谜识字，生活中识字等方法，在这一过程中，学生掌握了一些独立识字的方法，并逐渐运用到其他生字的学习上，随着识字方法的不断丰富，独立识字的能力也在逐步增强。

2.抓住不同之处，区别比较汉字

低年级学生"学习独立识字"，重点在"知、懂、会"上，而学生要真正实现独立识字，还需要能迅速地把"认、想、写、用"综合在一起灵活地运用。并需要学会解决生字中多音字、同音字、异形字、多义字、同义字等多种情况。

虽然我们在平时的课堂教学中重视了辨析字形，但学生对形近字的辨析不够到位，在阅读中容易出现读错以及产生歧义的现象，尤其是学生在初探写话的过程中，误用同音字现象比较严重，同时还会错误地使用形近字。这对学生来说是一个比较大的问题。因为正确运用汉字是以后构建作文大厦的依据，如果光有漂亮的辞藻、优美的语句，而无坚实的把汉字写正确的基础，那么这也将是千疮百孔的"危楼"。因此帮助学生正确运用汉字势在必行，它是学生学习的最基本的需求。

学习形近字、同音字的时候，老师不要急于告诉学生如何区分同音字，而是帮助学生运用各种方法来互相帮助区分同音字。首先要注意温故而知新。例如学习"谣"，可以引导学生："还学过哪些字与它很相像？"回顾以前学过的"遥、摇",并用扩词的方法来强化巩固。其次要用各种方法巧妙区分同音字和形近字体,例如:"用手摇一摇,说话编歌谣,走起路来不怕遥远。"类似的各种巧妙识字方法也可以反复而灵活的使用。第三是经常进行快速口头选字填空练习,增加学生形近字和同音字实践练习。比如为了区分"谣、摇、遥"这三个字,尝试着创设情境,让学生一起来填空,把一首小诗补充完整:

①谣　②摇　③遥

我们（　　）望着美丽的夜空,

发现那漂浮的云,

就像是船儿（　　）曳在空中。

圆圆的月亮似乎在船边,

低吟着优美的歌（　　）。

让学生填完以后说说为什么这么填。学生在讨论后,就能抓住这些形近字的特点,说出其表意部分的偏旁对于字义有怎样直接的指向。

又如:"请""情""清""晴""蜻""精""静""睛"右边都有"青",除了在读音中要区分清楚外,更要从字义入手,发挥学生的想象力,让学生仿照课文的句式编一编顺口溜,来帮助自己区分。学生有的从部首来编,有的从字义入手来编,比如:

今天天气好晴朗,蓝天白云河水清。

水面绿色小蜻蜓,时而静立时点水。

姐请妹妹把景赏,河边一起留倩影。

外出郊游心情好,走路健身精神爽。

学生对于自创的记字儿歌印象更加深刻,在运用的过程中对形近字、同音字的区分会更好。

认识汉字只是第一步,认识的目的是为学习文本打基础。也就是说光学不会用等于没学。"认、想、写、用"是"其后几年中"要学习、练习的"相同内容",在中年级段、高年级段不断"加深",以应对识字的复杂问题。到了中高年级,在掌握了汉字的基本知识之后,就需要带入文本深入到具体的语言环境中进一步学习,更加突出"用"的实践。

比如下面的案例:

生:老师,我读到"我要xiàng雷锋叔叔那样帮助别人。"这句话,

xiàng该写"像"还是"向",我分不清,现在也没想明白。

师:他提出了一个有难度的问题,咱们一起帮助解决一下。我想了两个句子(迅速板书):

A.我要(　　)雷锋叔叔那样帮助别人。

B.我要(　　)雷锋叔叔学习,热心帮助别人。

这两句话意思是一样的,括号中该用哪个"xiàng"?小组讨论讨论,想想有什么办法区别这两个字的用法?(学生小组讨论)

生:A句括号里填"像",B句括号里填"向"。

师:为什么A句该填"像"呢?

生:平时我们用这个"像",都表示"好像"的意思,"好像……那样"。在A句中,(　　)就是"好像",好像雷锋叔叔那样。

师:那"向"字我们最常用的地方,最常组的词语是什么?

生:方向。

师:"向雷锋叔叔学习",雷锋叔叔是我们学习的榜样,是我们努力的方向,所以B句填"向"。

将字音与意义结合起来,让学生在比较中鉴别。能够让学生清楚两个"xiàng"字分别指向的意义,学以致用。这个环节的设置既是对理解的巩固,也是对理解的检验。致力于学生"掌握",也就是要让学生在运用的基础上将这些字词真正掌握。

3.多给生字扩词、组句

给字组词是低年级学生理解字义,培养口头表达能力、内部语言进一步发展的关键阶段。把生字作为训练的基础材料,一字尽可能多组词,使学生在准确分辨和记忆字的音、形、义的同时积累丰富的词汇。例如:金——黄金、金子、金色、金鱼、金光、金币、金属、金秋、金风送爽……

由于低年级学生生活经验有限,有些字的扩词比较难,教师可以适当的创设情境,引导学生扩词。

例如:学生用"水"组出了"喝水、河水、海水、白开水、矿泉水"之后,在教师的引导下继续扩词:

"叮咚叮咚响、唱着欢快歌儿的是——泉水";

"我生病了,妈妈留下了伤心的——泪水";

"我用力地跑着,一会儿,脸上就流下了——汗水";

"小朋友的手指被划伤了，医务室老师给他涂上了——红药水"；

"妈妈端来香喷喷的饭菜，馋得我直流——口水"

……

又比如"言"和"语"的教学：

（师先后出示生字卡片：言、语）（生齐读两生字）

师：（把两个生字并在一起）再读一遍。

生：言语。

师：很好，这两个字放在一起，组成一个新词——言语，是说话的意思。

（生齐读生词两遍）

师：（把两个字卡调换位置）这样会读吗？

生：语言。

师：这也是一个词，而且我们经常能用到，对吗？请你再读读，看你发现了什么？

生：这两个字谁在前、谁在后都能组成一个新词。真奇妙！

师：你真是个聪明的孩子！是呀，汉字多神奇呀，还有更神奇的呢！

（师把两个字卡拉开距离）

师：谁能在每个字前面加上个字，使它再组成个新词。

生：三言两语、冷言冷语、不言不语、千言万语……

师：真了不起！居然能说出这么多的词语。同学们，我们学习了两个生字，就能够引来这么多的词语朋友，多棒呀！小朋友们在以后的学习中就应该这样，做个识字的有心人，老师相信你们都会成为识字大王。

两个生字的教学，在具体的语言环境中，根据位置摆放的不同就能组成不同的词语。学生在轻松愉悦的氛围中由识字到学习词语的积累，浑然天成，怎能不叫人拍手叫绝。识字教学的基础性和实践性淋漓尽致地体现了出来，扎实有效。

4.书写汉字时，亦可进行语用训练

学生语言运用能力的表现形式，一方面体现在口头表达上，另一方面就是书面表达。正确、美观地书写汉字就成为学生书面表达的根本。

在实际的阅读教学中，我们要保证每堂课给学生十分钟的书写时间。教师精心指导，落实汉字的书写方法，逐渐形成汉字书写的指导序列，引领孩子们学会在田字格中，按汉字笔顺笔画，把汉字书写得规范、端正、整洁。同时，教会学生强化自我评价，形成良好的书写习惯、赏析习惯，在汉字书写过程中培养学生审美能力。

对学生的写字要求，我认为一定要落在实处。不但要指导，还要让学生自己去观察、体会，更要严格要求，严格训练。并在这一过程中，经过"在老师的指导下写好汉字"，到能"正确、规范地自己写好汉字"的过程，逐渐培养学生书写规范的能力。

在练习过程中，我要求学生写字时要做到"一看、二记、三描、四仿、五评改"。

"一看"，让学生按从整体到部分再到整体的顺序观察生字。

先看字的结构，什么偏旁，由几部分组成；每一部分大小比例是怎样的，什么样的字"左窄右宽"；什么样的字"上齐下不齐"；什么样的字要平衡对称；等等。比如"炸"字，书写时既要做到"左窄右宽"，又要做到上齐下不齐——"火"与"乍"上面一般高，下面"乍"要长于"火"。

再看笔形，即看清每一笔的形状怎样；如"苦"字，是上下结构，要写得上窄下宽，有三处要注意：草字头中的两竖不要太重，"古"字的"横"要写得长一些，正好压在横中线上，下边的"口"要写得扁一些。

最后看位置，即每一笔画在田格的哪个位置上。要细心揣摩每一笔从哪儿起，怎样的走向，在哪儿收笔，做到笔笔到位，不能想当然，随心所欲。比如写"孝"字，上面的"老字头""横"必要长，"撇"从右上格的中上部偏左位置起笔，直达左下格的中心点偏左位置。汉字书写中有"避让"的规则，这笔"撇"必须要为下面的"子"留下书写的空间，下面的"子"的"横撇"起笔必得穿过"撇"才能使下面的"弯钩"写端正且不能太长，否则这个字将会又长又歪。

"二记"，学生在仔细观察字形的同时，要边看边记，还可以轻声跟读。

"三描"，分两步走，一是书空，学生伸出食指边说边用手写。二是在书上田字格里描写范字，加深对间架结构的印象。

"四仿"，对照田字格里的字，认真仿写。

请看下面的案例：

出示生字：姑、唱、肚、野、坡

师：请小朋友看看，这些都是什么结构的汉字呢？

生：这些都是左右结构的字。

师：不错。再看看它们的左边，分别是哪些偏旁？

生：女字旁，口字旁，月字旁，里字旁，土字旁。

师：对呀！平时我们单独写"女、口、月、里、土"时是怎么写的？请到前面来写给大家看。

（生写汉字）

师：（指黑板上的两行字）请比较一下，下面这一排字做左偏旁时有没有发生变化？

姑　唱　肚　野　坡

女　口　月　里　土

师：谁来说说？

生：里字旁和土字旁的最后一笔都是提；单独写"里""土"时最后一笔是横。

师：你看得真仔细。

生："女"字作字的偏旁时横变短了，不出头。

生："口"字作字的偏旁时变小了；"月"字作偏旁时变得又窄又瘦，没有原来那么胖。

师：对！你说得很形象。小朋友想过没有，为什么要这样安排呢？

（师出示分了家且偏旁没变形的五个汉字）

姑　唱　肚　野　坡

女　口　月　里　土

女古　口昌　月土　里予　土皮

生：如果这些字笔画不改变，整个汉字写起来就太宽了，就难看了。

生："女、里、土"等字作偏旁时笔画变形是为了把字写紧凑。

生：如果"口、月"不写得小一点、窄一点，另外部分占的地方就太小了，整个字就显得不好看了。

师：说得好极了。小朋友们，有些字是由几个部分组成的，为了整个字的紧凑、美观，字的某些部分往往要做出"自我牺牲"——有的笔画要变形，有的字形要变小、变窄或变得扁些。这样，整个字看起来才好看，才均匀，让人看了才舒服。

生：老师，我知道了，写生字时也要像我们一样懂得互相谦让才行。

师：对，也就是说，这几个汉字都是左右结构的，书写的时候左右两部分在宽窄上要注意……

生：左边窄右边宽。

师：左窄右宽，说得好！那就按你们说的亲自去写一写吧！

汉字的构造有一定的规律，在指导学生书写的同时，要注重引导学生悟出汉字的书写特点，以及每个字各部分之间的搭配关系。让学生弄清同一类型汉字的结构特点，归纳出书写要点，运用在其他生字的书写上，才能帮助学生准确把握书写规律，为写好字打下基础。

"五评改"，这一环节最好是在学生仿写的过程中。当写好一个字后，随时和范字对照，找出不足之处，以便在写下一个字前加以改进。

对小学生来说，写好一个字，都有一个由不好到好的过程，这就要求学生在练字的时候就应该做到反复比较、反复推敲。不断地将自己写的字与范字进行对比，比出差距，找出不足，在"比"中取得进步。

在日常教学中，老师要在指导范字时，率先垂范，让学生逐渐掌握评价字写得好坏的标准，概括起来"规范（正确）、端正、整洁"是硬指标，具体评价方法应先从汉字整体观察，字形上是否正确、结构上是否合理、卷面上是否整洁；再看具体细节，哪部分宽一点儿，哪部分窄一些？哪笔最短？哪笔最长？哪个笔画要体现穿插、避让的原则等。

学生临写生字后，及时进行自评，我这个字哪写得好？哪些地方与范字还有差距？怎样改就更好了？当然自评也可以是在小组互评时，全班集体修改时，看着小伙伴们写的字，跟他们的作品对照，面对面地展开自评。评价的过程就是学生掌握写字方法后运用的过程。

比如我们在课堂上经常看到、听到这样的对话：

师：我们来评评他写得怎么样？（出示一名同学写的"远"字）

生：他写得正确，比较端正。

生：他的字写得很干净。

生：他写的"辶"能把上面的"元"托住。

师：你们三位，一个从正确的角度，一个从卷面整洁的角度，还有一个从结构上先肯定同学的优点，真好！

生："辶"的第一笔"丶"不要写得太高，在"元"字第一"横"上面一点就可以了。

生：老师讲过，"辶"的"捺"不是一下子就下来的，要写得"一波三折，尾巴向上翘"。

师：你们一下子就说出了重点部分"辶"的写法，评价很到位，这位同学要是能注意大家指出的这两点就更好了。现在我们把这两个字再写两遍，争取写得既正确又好看。

看，有了老师的方法引领，学生也能评价别人的字了。学生基本掌握了评价字写得好坏的标准，才能循着正确的程序，即按照先表扬优点，再提出建议；先从整体评价，再评价重点笔画是否到位的方法进行评议、进而修改完善，再次书写。这也是在书写过程中，学生对写字方法的进一步应用。相信有了这个过程，孩子们的字都会写得既正确又好看的。

二、盘活词语训练点

我们通过《义务教育语文课程标准（2011年版）》来看小学阶段各年段对词语教学的要求：

第一学段：以识字、学词为主，要求结合上下文和生活实际了解课文中词句的意思，在阅读中积累词语。

第二学段：能联系上下文，理解词句的意思，体会课文中关键词句表达情意的作用；能借助字典、词典和生活积累，理解生词的意义。强调联系上下文理解词语的意思，体会作者的情感。

第三学段：能联系上下文和自己的积累，推想课文中有关词句的意思。辨别词语的感情色彩，体会其表达效果。重点在于抓关键词语体会情感，把握内容。

通过横向比较，我们发现词语教学是贯穿整个小学语文教学的，不仅是主线，更是核心。确定了词语教学的核心地位，发展学生的语言就有了根基，提高学生的语文素养才不会成为空话。

既然词语教学是贯穿整个小学语文教学的核心和主线，那么一个经历了六年语文学习的小学生，所积累的词汇应该是相当丰富的。然而实际教学中，我们发现很多孩子笔下的作文却往往词语贫乏。请他描述自己的心情，他只会用"很高兴、很快乐"，而不能依据情境说出"喜悦、惊喜、激动、欣慰、轻松、欢愉"等更为丰富而准确的词语。学生平时大量的词语抄写、默写练习，所积累的词语都到哪儿去了？量变怎么没有产生质变呢？其实多数情况下，词语进入学生的头脑就被"冻结"了，就成了"消极语言"了。

如何让沉淀的"消极语言"积极起来？

我们再来纵向比较，《义务教育语文课程标准（2022年版）》对低年级段词语学习的要求：结合上下文和生活实际了解课文中词句的意思，在阅读中积累词语；积累自己喜欢的成语和格言警句；在写话中乐于运用阅读和生活中学到的词语。

通过纵向比较，我们又发现：第一学段词语教学的目标中包含教学方法和途径——结合上下文和生活实际；包含教学标准和尺度——了解（清楚地知道）词句的意思；包含教学的基本要求——在阅读中积累词语；在写话中乐于运用阅读和生活中学到的词语。

正如苏霍姆林斯基所说："如果词语不是作为一种创造的手段而活跃在儿童的心灵里，如果儿童只是记诵别人的思想，而不创造自己的思想，用词语把它们表达出来，那么他就会对词语采取冷淡、漠不关心和不易接受的态度。"的确，学生积累的词汇如果只有认识、背得滚瓜烂熟，而没有加以理解、运用，学生还是不能真正学会词语，还是会变成消极词汇，词汇积累就变成了记忆负担。所以，及时引导学生在语境中运用词语，丰富表达，是阅读教学的题中应有之义。词语教学的语用训练点如何确定呢？

1.抓优美的词语

纵观第一学段，我们发现，第一学段教材的练习中，从"读读说说"到"读读记记"侧重于形容词的编排。比如《浪花》一课，有"青青的小虾、雪白的贝壳、淘气的娃娃"；《秋天是多彩的画卷》中有"细长的韭菜、圆溜溜的茄子、火辣辣的朝天椒"；《小企鹅和妈妈》中"清新的空气、红色的花、冰天雪地的世界"等，这类偏正式的词组比比皆是，它们体现了景物与众不同的特征，使景物能清晰地呈现在读者面前，对低年级的学生来说，这些都是比较新鲜的、特别美的词语，他们对这样的词语很感兴趣。抓住这些优美的词语、词组进行词语扩展训练，有益于学生语用能力的发展。

比如：《小小的船》是一篇脍炙人口的小文，学生非常喜欢。尤其是"弯弯的月儿"这个词组，可以引导学生想象叠词所描绘的事物特点。

先让学生想象"弯弯的月儿"什么样？用手比划出"弯弯的"的样子。

再选一选哪幅图中的月亮跟自己想象中的"弯弯的月儿"一样，说一说自己对画面中那个"弯弯的月儿"的感受，使学生感受到弯弯的月儿是那么美丽，那么可爱。

然后再让学生说一说：生活中你还见过弯弯的什么？"弯弯的香蕉、弯弯的小船、弯弯的彩虹……"从学生的言谈中，让人感受到学生真的喜欢上了"弯弯的"这个词语，清晰地理解了意思，感受到了叠词的魅力，继而融入到自己的语汇中。

又比如《丑小鸭》一课，就可以抓住文中的这种偏正词组多次运用。

片段一：

师：读了课文，你认为这是一只怎样的丑小鸭？

生：我觉得这是一只可怜的丑小鸭。

生：我觉得这是一只难看的丑小鸭。

师：你是从哪些语句知道的？

生：我从第二自然段知道的，"丑小鸭毛灰灰的，嘴巴大大的，身子瘦瘦的。"

师：你们看图片，（图片比较丑小鸭和小鸭子）看来丑小鸭的确与众不同。那你们能试着说一说吗？

（　　）的毛　　（　　）的嘴巴　　（　　）的身子

生：灰灰的毛　　（大大）的嘴巴　　（瘦瘦）的身子

师：那哥哥姐姐什么样？能也这样说说吗？

生：哥哥姐姐是（黄黄）的毛、（小小）的嘴巴、（胖乎乎）的身子。

生：（黄黄）的毛、（扁扁）的嘴巴、（圆乎乎）的身子。

师：这样一对比，丑小鸭还真是丑啊！

生：它还是一只没有朋友的丑小鸭。

师：书中有一个词语说它孤零零的一个人，没有人喜欢它，是哪个词语？

生：孤单。

师：你能再完整地说一遍吗？

生：它还是一只孤单的丑小鸭。

师：真好！我们平时表达时，用上文中或是以前积累过的词语，学以致用，积累就变得有意义了。

片段二：

师：丑小鸭变成了白天鹅之后什么样啊？

生：（雪白）的羽毛　　（长长）的脖子　　（宽阔）的翅膀

　　（高贵）的样子　　（优雅）的姿态

师：我们把描写丑小鸭的词组和描写白天鹅的词组再读一读。

丑小鸭：

（灰灰）的毛　　（大大）的嘴巴　　（瘦瘦）的身子

白天鹅：

（雪白）的羽毛　　（长长）的脖子　　（宽阔）的翅膀

（高贵）的样子　　（优雅）的姿态

师：请大家试着用上这些短语，用一段话说说从丑小鸭到白天鹅的变化。要想把一段话说得生动具体，就要尝试运用我们积累的词句，再加上自己的想象和感受会更吸引人。

片段三：

师：现在，你认为这是一只怎样的丑小鸭？

生：这是一只意志坚强的丑小鸭。

生：这是一只勇敢的丑小鸭。

生：这是一只追求自由生活的丑小鸭。

生：这是一只坚持不懈、不怕困难的丑小鸭。

生：这是一只向往美好生活的丑小鸭。

师：你们看，我们把以前积累的词语正确地加以运用，就会使我们的理解更有深度，表达更有层次。

这些片段中，老师抓住了这些吸引学生眼球的精美的词语或词组，帮助学生积累，并尝试用积累的词组说一段话，让学生切实感受到把一段话说具体的方法，提高了学生正确使用语言的能力。

2.抓关键的词语

每一篇课文都有牵一发而动全身的关键性词语，有人称为"文眼"。关键性词语是我们理解文章的切入点，是打开文章之锁的钥匙。

语用的切入点，不一定是文章的重点，但必须是带动全篇的关键点，仿佛战场上的咽喉要冲。在教学时我们要因课而异，灵活掌握。而词语教学，必须要经历理解、运用的过程，才能达到积累、内化的效果。

既然运用是积累的真正内驱力，那么在众多的运用机会中，我想到了引导学生抓关键词语对课文内容进行"批注"的方法。因为批注最大的特点和优点就是能使学生在课文的具体语境中读与思结合、思与写结合。为了与中高年段"批注"的目标衔接，我尝试引领一年级学生在课文中圈画生字，标注拼音，画出不认识的生字。通过圈画生字词，学生逐步认识和积累生字。二年级学生如果能批注上一个小问号、一个词语或两三个字那就最好了。

比如：《小牛站起来了》中"练习"一词是生字组成的词语。我抓住课文最后一句"小牛不但站起来了，还在练习走路呢！"展开教学。

首先引发学生思考："小牛是怎样站起来的？"学生从课文第一自然段这个语境中找到答案："它是练习了好长时间才站起来的。"此时，帮助学生理解"小牛一次站不起来，摔倒了又爬起来，试了一次又一次，最后终于站起来了。这个过程就叫作——练习"。

其次，引导学生批注："如果把你读懂的或想到的用一个词语或几个字标注在这几句话旁边，你会写哪几个字呢？"学生答案多样，比如："练习、练习站起来、练习站立、认真练习、坚强"等。

最后，回到最后一段的语境中继续启发学生思考："课文里说'小牛不但站起来了，还在练习走路呢！'刚才是练习站起来，现在又在练习走路了，它会怎样练习走路呢？"

生：小牛摔倒了再站起来，接着练，最后就会走路了。

生：它先试探着迈出一小步，在那停一下下，再迈出一小步，把每一步都走稳了，再迈下一步，慢慢地，就学会走路了。

生：小牛刚迈出一小步，没站稳，一下子就摔倒了，把腿磕疼了，它趴在地上休息了一下，慢慢站起来，接着练习走路。

生：小牛刚开始的时候走起路来摇摇晃晃，总是摔跟头，但他不放弃，慢慢就学会走路了。

师：在成长的过程中，小牛还需要练习什么呢？

生：小牛学会了走路，还要练习跑步。

生：它以后还要练习怎样耕地，好帮助人们做事。

生：它还需要练习拉车。

生：……

这样，抓住"练习"这个引领全文的关键词，在文本语境中走了一个来回，并在画批与想象说话的过程中，口头表达与书面语言相结合，使得词语得到了充分的理解、积累与运用。

生字、新词是组成一篇课文的基础，学习生字与新词的目的，一是为了顺畅阅读，读懂文章，二是为了正确使用字词，说话写作。如何让生字、生词发挥更大作用呢？

十年前，我第一次听蒋军晶老师的《麋鹿》一课，便被深深地震撼了。蒋军晶老师富有智慧地将生字编辑组合成带生字的语段，是最具课程创生价值与推广意义的。请看《麋鹿》这一课的词语教学片段：

师：同学们，我觉得这篇课文的生字挺多，而且很难认。所以这节课，我先要检查一下这篇课文的生字你们是不是认识了，会读了，你们有信心通过检查吗？

生：有。

（学生自己读一读）

师：能读下来吗？这里有一个字特别难读，它的意思是"超过"。

生：这个字念"逾"。

师：你在平时看到过这个字吗？

生：年逾古稀。

师：同学们，年届70就是"古稀之年"，"年逾古稀"是什么意思？

生：就是年龄超过了70岁。

师：还有两个字经常和"山"和"水"一起用，这两个字念什么？

生：跋涉。

师："跋山涉水"简缩一下，就是"跋涉"，爬山蹚水的意思。

师：这里有一个词，和"漂泊不定"意思相近，但又强调了"生活艰辛、无家可归"的意思，这个词读什么？

生：颠沛流离。

师：我在黑板上写一个词，请一个同学读和这个词相对应的段落。（师板书：外形）

（生读第一段）

师：谁来读和这个词对应的段落。（师板书：传奇经历）

（生读第三段）

师：请你们一起来读和这个词对应的段落。（师板书：生活习性）

（生读第二段）

师：你们觉得整段话和这篇文章有什么关系？

生：我觉得这段话是整篇课文的浓缩。

生：我觉得这段话概括了整篇课文。

生：我觉得这段话是整篇课文的主要内容。

师：从你们的回答来看，你们已经掌握了"主要内容"的概念，那么谁可以把这篇课文的主要内容概括得再简洁一点？

生：这篇课文主要介绍了麋鹿的外形、生活习性、传奇经历。

细细悟来，这个案例的一箭多雕之处在于：

首先，生字在新语境中的再现遵循了字不离词、词不离句的语言习得规律。新语境的出现使学生学习生字有了新的生长力量，在鲜活的语境中，学生不断接受语言的视觉反应并形成语感。

其次，字词理解的基本功训练形式非常生动。蒋老师采用了以"义"寻"词"（根据词语的意思，让学生找相对应的词语）的方式让学生感悟到新词的意思。又结合联系生活实际、结合语境等多种方法，让学生理解重点词语。如此，既降低了难度，又让学生觉得新奇有趣。

而这个片段真正出彩的地方是蒋老师没有因为是高年级的课堂，而将字词教学"忽略"，而是根据文本特点——字多，根据学生的实际——难理解的词语、读不准的字音，安排了一段概括介绍麋鹿的文字，让学生去读。新编语段对于主要内容的概括（麋鹿的外形、生活习性、传奇经历）其实已经站在了统领全文的高度，把课文的行文线索作了纲领性的提挈，提前对于课堂结构作了方向性的引领，学生有了把握课堂步骤的思想准备，不再只见树木，不见森林了。

最出乎意料的是蒋老师板书概括段意的词语，让学生读出相应的段落并思考出示的整段话和这篇文章的关系。这样一来，将概括介绍麋鹿的文字的效应发挥得淋漓尽致：识字、释义、感知文本、概括大意。教师指导于无形中，隐性地为学生增加了内功。课堂教学从要求学生抽象概括到现在只求学生感悟，语文学习更符合学习规律与学生心理规律。语文味、儿童味就在"读""寻""联"中初见端倪。

3. 抓特殊的词语

词语家族有很多成员，其中不乏一些特殊词语。这些词语中，有描摹声音的象声词，有描绘色彩的词语，有表示多少的数量词，有表现程度的叠词，还有各类成语、俗语、谚语等。抓住这些特殊的词语，让学生理解、积累、开展语言运用，才能丰富学生语言，使学生能用优美、生动的语言描绘我们五彩缤纷的世界。

低年级语文实践活动形式是多种多样的，如成语接龙、对对子、多维听写、看场景说词语、赏风景说对联等。多种形式让学生兴致勃勃地在运用中巩固词语。

比如：《春回大地》一文是用多个描写春天的四字词语组成一段课文的："春回大地、万物苏醒、河水解冻、小鸭戏水、杨柳吐绿、百花争艳。春天真美丽！我们爱春天！"

师：孩子们，春天来了，你能不能也用一些四字词语让春天这幅画面呈现美丽的色彩？

生：绿草茵茵、杨柳吐绿、桃红李白。

生：桃红柳绿、万紫千红。

生：姹紫嫣红、青山绿水。

师：非常好！有了这些表示颜色的词语，春天的画面变得有色彩了！春天还有什么声音吗？

生：春天河水解冻了，小河水哗哗地流着。

师：说得真好！用上了表示声音的象声词，我们仿佛听到了小河的流水声。你还听到了哪些春天的声音？

生：春天来了，小鸭子一边嘎嘎地叫着，一边在水面上游来游去。

生：春天来了，我还听到了小蜜蜂的嗡嗡声。

生：我还听到了小燕子叽叽喳喳的叫声。

……

师：你们能不能把这些答案填在下面的横线上。

<u>哗哗哗</u>，河水流起来了；

_____，春风刮起来了；

_____，雷声响起来了；

_____，小雨下起来了；

_____，燕子叫起来了；

_____，小蜜蜂也来采蜜了。

利用这些象声词，画面就有了声音。抓住这些特殊的词语，不仅使画面有了颜色、有了声音，有了美，还能使学生兴致勃勃地投入到语言文字运用的训练中。

又比如词素互换训练，抓住"黄金"一词在结构上的特殊形式，通过对比读，学生发现把"黄金"这个词的两个字调换位置就变成了"金黄"。再通过图片对比，学生直观感受到了相同的两个字变换位置，词义也发生了变化。这样层层深入，向生活拓展，学生列举出生活中许多具有这种特点的词语，如"牙刷——刷牙、云彩——彩云、牛奶——奶牛、焰火——火焰、水井——井水、雪白——白雪、蜜蜂——蜂蜜、黄金——金黄"等词语。这样的词语学习和运用的训练，使学生感受到祖国汉字的奥妙和趣味性，从而更加热爱祖国汉字文化。

4.抓带有感情色彩的词语

"语言有温度，字词知冷暖。"文本中的语言，不仅仅是文字的堆积，它还蕴含了作者的精神和情感。从文字中，可以读懂作者在特定的情景与历史时刻的情与意。作为语文教师，我们要带领学生沉入词语的感性世界，让一个个无生命的抽象符号化为学生的血肉，深入学生的骨髓，用心灵去触摸词语的温度，使词语在学生的头脑、心灵中成为带有深刻内涵的东西。

《走进大自然》一课是一首清新的儿童诗，老师以"来到大自然，想做些什么呢？"为大问题引出课文第二节，让学生去读：

"让小锤去敲打每一块山石，

让画笔去画出每一片花瓣。

高高举起洁白的昆虫网，

去网住每一个季节的斑斓。"

生：老师，您写错了，是"敲醒"，不是"敲打"。

生：是"访问"，不是"画出"！

师：我觉得意思差不多，这样也很好呀！

生：我觉得不一样！

师：那好吧，你们小组内商量商量，说出足够的理由，看能不能说服我！

（小组讨论后交流）

生：老师，"敲打"就是这样重重地敲，而"敲醒"呢，好像是小锤也有了生命，它肯定很疼爱每一块山石，是轻轻地，轻轻地，充满着疼爱地敲醒。就像爸爸妈妈早上叫我们起床一样。

生："敲醒"让每一块山石也有了生命，它们好像小孩子一样还在睡梦中，还不愿意醒来呢！

师：你们的理由太充分了，好吧，我同意把这个词改过来。

生：我觉得"访问"和"画出"也是不一样的，"画出"只是一个动作，"访问"是带着喜爱的。

师：不仅是喜爱，还带着敬仰，对吗？

生：对，是带着敬仰而去的，这位画师一定是非常非常喜爱这些花的。但"画出"却没有这样的感觉。

生：而且"访问"也让花朵有了生命。

师：你们真是太厉害了！（把"画出"改为"访问"）

师：来到大自然，我想……

（出示句子：我想让发丝感受每一缕微风，让蝴蝶去亲吻每一朵鲜花。）

让_____去_____。

师：你想做些什么呢？

生：让小手去抚摸每一片绿叶。

生：让小脚丫去、去……

师：去探访……

生：让小脚丫去探访每一颗鹅卵石。

生：让小脸去亲吻每一棵小草。

生：让春风去染绿每一片田野。

生：让小雨点去滋润每一寸土地。

生：让阳光去照亮每一个角落。

……

指导学生有感情地朗读。

教师有意用错误巧妙地引发了孩子们对词语的推敲、审视，理解了"敲醒、访问、感受、亲吻"等词语的感情色彩，不着痕迹却水到渠成。在这一过程中，学生对语言的理解感悟不是停留在表面上，而是愈加深入。而此后设计的"让_____去_____。"的句式，让学生在仿照说句子的过程中对这一类词语进一步运用,除了文中的"敲醒、访问",学生在运用中又积累了"抚摸、亲吻、滋润、照亮、探访"等词语,从情感上亲近大自然,喜爱大自然,从而很快进入诗歌的意境。语文教学就是这样,要让孩子们养成自觉使用语言、自觉推敲语言的习惯。

又比如:薛法根老师的《爱如茉莉》教学片段,让学生从"直奔"等词语去体会爱。

生:我从第七自然段"直奔"这个词,体会到爸爸很关心妈妈,一听到妈妈生病了,马上去医院看望妈妈。

师:好,你抓住了一个非常重要的细节——直奔医院(板书),这个细节还有谁关注到了?

生:直接往医院跑,是"bèn",是动词。

师:都是动词,不过你说对了,这个"bèn"呢,他是直接往医院去,他是有目标的,直奔医院,对吗?有目标地跑,那叫"bèn"(奔)。所以有一句话"嫦娥——"

生:"bèn"(奔)月。

师:怎么念?

生:嫦娥"bèn"(奔)月。

师:对。直奔这个词,你有什么体会吗?

生:看出爸爸想赶紧看到妈妈的急切心情。

师:这是爸爸对妈妈的爱,如果不爱,不会这么急切,这么焦急。轻轻一个动作,直奔医院,真的爱,没有痕迹的,在父母的言语当中。(板书:真爱无痕)

苏霍姆林斯基说:"要让词语深入到儿童的精神世界里去。"一个"直奔",就让孩子们深刻体会到了语言是有温度的。当词语被学生赋予了情感时,"冷冰冰"的词语变得鲜活起来,变得富有生气。

三、用好标点训练点

《义务教育语文课程标准(2011年版)》要求低年级学生认识课文中出现的常用标点符号——逗号、句号、问号、感叹号。这是出于学生阅读的基本需求。学生在阅读中,不仅仅要靠标点断句,还要根据不同的标点符号来体会文字所表达的不同语气。因此，教学中要重视标点符号的学习，使学生能够认识并学会使用。同时，低年级学生也有表达的需求，要注意引导学生在写话的时候用上正确的标点符号，以表达自己的情感。

标点符号和文字内容是紧密联系在一起的，教学中应引导学生从不同的角度加深对它的认识，把它同语文基础知识、基本技能结合起来训练，提高实际应用能力。这项训练要渗透在阅读教学中：朗读时，要根据标点符号正确停顿，并读出相应的语气；默读时也能让标点符号入于目、融于心，更好地理解文字内容。表达时加以巩固提高，平时说话能注意语调、语气，说得自然、清楚、明白；完成各种书面作业时，能随文加标点，用得正确。这不但是表达的需要，也是学习标点符号的归宿。

标点符号的正确使用，是小学生必须掌握的一项能力，要有一个过程，所以如何有效地教学就显得特别重要。

1.根据不同的标点符号造句

小学生在造句时几乎在所造句子的结尾用的都是句号，其实完整的一句话不但可以以句号结束，还可以以问号、感叹号、省略号等结尾。

比如，我们分别用上句号、问号、感叹号给"勤劳"这个词语造个句子。

"勤劳的小蜜蜂忙着采花蜜。"

"小蜜蜂整天忙着采花蜜，真勤劳！"

"小蜜蜂每天都去采花蜜，你觉得它勤劳吗？"

使用不同的标点符号，让学生做造句的练习，时间长了，学生的造句多姿多彩，对标点符号的使用也会越来越熟练、越来越精准。

2.阅读理解基础上加标点

提供没有带标点符号的文字材料，要求学生在阅读理解的基础上加上标点符号。这是常用的训练方式，形式灵活多样。就训练的内容来看，可以给句子加标点，也可以给一段话或几段话加标点。

比如，低年级常见的给句子加标点的练习：

①早上□我和妈妈去跑步□

②这里的景色真美呀□

③你喜欢读童话故事吗□

中、高年级常见的练习：

（1）推开门一看□呵□好大的雪呀□山川□河流□树木□房屋□全都罩上了一层厚厚的白雪□万里江山变成了粉妆玉砌的世界□

（2）不□不□你误会了□他解释着□我不是残疾人□我是给别人送拐杖的□说着□他踢踢腿给老奶奶看□车上的人都笑了□

这项训练，要求学生给一句话或一段话加标点，就是采用断句处留空的形式，有提示标注位置。要先引导学生理解句子内容，练习朗读，读懂这段话，读出语气；再让学生分清有几句话，想想该加什么标点，并给句子加上标点；最后，联系句子内容，检查所加上的标点是否正确，进行修改，每个标点都要问个"为什么"，做到每一个标点都有来历。

又比如：二年级《化石鱼》一课，课后有一道练习题是："读下面的句子，注意标点符号的用法。"这段话是：

河公公笑着说："你爷爷的爷爷又是谁？就是这条化石鱼，到现在已经有四亿多年了。"

对于这样的练习，大多数老师都是简单处理，让学生读读句子就过去了。然而这样的过场根本不会引起孩子们的注意，对孩子们来说这个训练就失去了价值。其实，从语言文字运用的角度考虑，对于本篇课文，通过朗读小金鱼和化石鱼的对话来了解"化石"等一些科普知识，对学生来说并不是什么难题，而全篇课文是以多组小金鱼和化石鱼、河公公的对话展开的，是通过标点符号来表达不同语气的，所以感悟标点符号的作用应成为重要的语用训练点。

一位老师在教学时这样处理：

（1）出示不带标点的这句话，让学生自己读句子，加上标点。

河公公笑着说□你爷爷的爷爷又是谁□就是这条化石鱼□到现在已经有四亿多年了□

（2）填完标点以后，"你能读出这些标点符号的语气吗？"让学生多次朗读。在读好的基础上进行交流：说说为什么这样填？因为逗号、问号、句号、感叹号的用法，孩子们经过一年多的学习，已经基本掌握，这里把重点落在感悟"冒号、引号"的用法上。

下面老师让孩子们对起话来，提出自己的疑问，其他学生或老师给予解答，然后写下来，继续设计"河公公"和"小金鱼"的对话。比如，有的学生问道："河公公，什么是化石呀？"老师先让收集了相关资料的同学说一说，在此基础上，模仿河公公说话的语气，给大家简单介绍"化石"的知识，帮助学生初步感受化石的形成与地壳的变化和时间的演变有关。最后，把大家的发言集中起来，形成一段新的对话，再次让学生加标点，进行标点符号使用的练习，比如：

（1）小金鱼□河公公□我还知道有三叶虫化石□那什么是化石呀□

（2）河公公□化石呀□就是生活在亿万年前的一些生物的遗体或遗迹埋在地下变成的跟石头一样的东西□

（3）小金鱼□化石的形成需要这么长时间啊□这条化石鱼真是我最老最老的祖先啊□

在理解文本中标点符号用法的基础上，进一步拓展练习，结合生活实际再一次运用，对标点的掌握会逐步提高。

3.根据标点符号进行"补白"

一个看似平常的标点符号，却可以增强表达效果，延伸出文本的未尽之意。在句子教学中，一方面要运用标点帮助学生了解句子的结构层次，体会句子的思想感情；另一方面又要通过对句子内容的理解加深对标点的认识，将学习标点与理解课文内容、指导学生运用紧密结合起来。比如：有些课文往往用省略号留下空白，让读者去联想、去补充，其实在这些似乎"无"的空白之中，渗透着极丰富的"有"。

比如二年级《卢沟桥的狮子》中，"它们的样子各不相同。有的蹲坐在石柱上，好像朝着远方长吼；有的低着头，好像专心听桥下的流水声；有的小狮子依在母狮子的怀里，好像正在熟睡；有的小狮子藏到大狮子的身后，好像在做有趣的游戏；还有的小狮子大概太淘气了，被大狮子用爪子按在地上……"

省略号有多重作用，此处为什么用省略号？因为卢沟桥上的石狮子形态各异，不能一一列举。如果能让孩子们先感悟文章介绍石狮子样子的方法，即"先写石狮子什么样，再写想象成什么样"，再结合孩子们的生活实际，或者让孩子们看一看卢沟桥上其他石狮子的图片，进行仿写，会是很有益处的语言文字运用的训练。

又比如《地球爷爷的手》一课的第10段，"地球爷爷说：'能让成熟的桃子掉下来，能让踢到半空的足球掉下来……'"教师就利用此处的省略号，结合课后的学习小泡泡——"你能举例说明地球爷爷有手吗？"引导学生创造性地补白：

"地球爷爷的手，还能让（　　　），还能让（　　　），还能让（　　　）。"

学生根据自己的生活经验，纷纷举手发言。有的说："地球爷爷的手能让雨点落下云端。"有的说："地球爷爷的手能让枯黄的树叶飘下来。"有的说："地球爷爷的手能让我们平稳地站立在教室里。"还有的说："地球爷爷的手能让飞得很高、很远的纸飞机落在地上。"

学生从省略号中获得了潜在的语言信息，与文本要传递的意义产生了强烈的"心理认同"效应。在与教师、文本的对话之间获得了更有厚度的阅读体验，使他们较直观地知道了地心引力的作用，加深对课文的理解，同时还训练了学生的思维想象力和口语表达能力。

在阅读教学中，教师应适度挖掘并创造性地使用标点资源，带领学生走进人物的内心，感受情感的精妙。比如高年级《穷人》一课，多次运用省略号，其中有一段话：

她忐忑不安地想：他会说什么呢？这是闹着玩的吗？自己的五个孩子已经够他受的了……是他来啦？……不，还没来！为什么把他们抱过来啊？……他会揍我的！那也活该，我自作自受。……嗯，揍我一顿也好！

这段话中的四个省略号，就是一处极好的教学资源。教学时可以抓住此处的标点进行教学设计："为什么会出现这么多的省略号？你从省略号中体会到了什么？（此时，桑娜在想些什么？）"让学生讨论交流：

她忐忑不安地想：他会说什么呢？这是闹着玩的吗？自己的五个孩子已经够他受的了……（她首先想到：丈夫抚养五个孩子的艰辛，现在又多了两个孩子，这不是雪上加霜吗？）

是他来啦？……（可能是什么声响使她以为是丈夫来了。她想：我可怎么对他说呀？他会答应吗？）

不，还没来！为什么把他们抱过来啊？……（在断定丈夫还没有回来时，她责怪自己了：明明知道丈夫承担不了，为什么还要抱他们过来呢？今后的日子可怎么过呀？这七个孩子能养得活吗？）

他会揍我的！那也活该，我自作自受。……（接着，她猜测丈夫会打她，但她一点不后悔，心里反倒安定下来：谁让我这么做了！既然已经抱来了，就由他打吧！自己受点皮肉苦不算什么，只要这两个孩子有了着落。我挨顿打也值得了。我也心甘情愿了。）嗯，揍我一顿也好！

在讨论交流中，学生理解了桑娜内心活动的时断时续。有惊恐、有同情、有忧伤、有自责、更有为救人之难而勇于承担一切后果的决心。在体会桑娜善良的同时，引导学生通过深度思维、口头表达、朗读感受等来体会简约而不简单的标点用法，学习作家刻画人物内心的方法。

4.习作中修改标点

中高年级的学生已经开始学习并练习写作文，在学生学习标点、使用标点的过程中，难免会出现这样或那样的错误。所以，我们要紧密联系学生运用标点的实际，指导学生正确运用标点。

为了少走弯路，我们可先指导学生学会诊断一些病句，防患于未然，促使学生尽快掌握标点的用法。在学生的作文中，我发现了一些问题。比如：小学生作文中经常用错冒号和引号，只要看见"说"字就要加上冒号和引号。以下片段分别摘自三个同学的习作：

今天的心情很糟糕，就不说："了"。

老师的话说："得我心里很难受。"

老师指挥大家唱："起国歌。"

我把冰激凌吃光了，妈妈说："我的脸吃得像只大花猫。"

我把几句话打在屏幕上，按照原来的标点朗读、断句停顿，同学们都笑了，因为前两句完全读不通，第三句有点迷惑人，虽然读得很顺畅，但是孩子们自己迷惑了：

"到底谁嘴边糊满奶油，吃得像只大花猫？"

"是句子前面的'我'！"

"那按照屏幕上加的标点来读，又是谁的脸变成了大花猫？"

"是妈妈变成了大花脸！"

"哈哈哈……"

"那应该怎样修改这几句话中的标点呢？"

"把冒号和引号去掉就行了。"

"那我们再读读修改好的句子，看看这回能读顺畅吗？"

……

在愉快的笑声中，同学们明白了不能看见"说"字就加冒号、引号，读懂句子，把标点符号用在合适的位置上，才能清晰、准确地表达句子意思。

下面的案例也经常出现在我们的课堂上：

师：请大家读读下面这段话，看看你发现了什么？

> 小方的椅子坏了，坐上去不小心会跌倒，小明看见了，记在心上，他从家中带来了工具，放学后，大家都走了，他独自一人蹲在教室里，叮叮地修起来。

生：这段话里怎么那么多逗号呀？是不是太多了？

生：这段话只有一句话，是一个大长句子。要按照这个停顿去读，有点喘不上来气的感觉了。

师：你们的感觉是对的，我们一起来看看这段话表达了几个意思。

生：这段话先告诉我们"小方的椅子坏了，会跌倒。"

师：这个意思应该到哪里就结束了？

生：到"跌倒"结束。

师：好！接下来……

生：第二句讲"小明记在心上"到"心上"结束。

生：第三句讲"小明带了工具"。

生：第四句讲"小明修凳子"。

师：这样一来，这段话就由四句话组成，但作者只在段尾用了一个句号，使四个句子各自失去了独立性，整段话就显得层次不清楚了。怎样修改呢？

生：中间应再用上三个句号。

师：还有一段话，也来自你们的作文。

> 春天，沙枣树伸展着粗糙的树枝。上面覆盖着一片片短小的叶子。叶子上一层细沙一样的东西晶莹发亮。

生：老师，我发现刚才那段话是"一逗到底"，句号用的太少了。这段话却是句号用的太多了。

师：说得真好！那这段话里哪些句号是多余的呢？

生：我觉得这三句话之间联系挺紧密的，用了三个句号，前两个句号句子内部的联系给中断了。

生：我觉得它其实是一句话，前面都用逗号，结尾用一个句号就可

47

以了。

师：看来，这句话还没有完成一个完整意思的表达就用了句号，破坏了句子的整体性。句号用得太多了。

（改完以后再次朗读、感悟）

人类认识事物的规律是由感性到理性。因而想让学生掌握标点的正确使用方法，可以通过各种各样的标点教学的实例进行分析，让学生感知标点的用法，从而上升到对标点符号的理性认识，掌握其使用的一般规律，并在此基础上指导其迁移并用于表达、形成技能，逐步增强对标点符号的感知。因此，标点符号亦是重要的语用训练点，千万不能视它为细枝末节，勿以"点"小而不为。

四、关键语句训练点

能选入小学语文课本里的课文，都是语言中的精华。各种不同形式、不同风格的言语，丰富多彩，应有尽有。这些言语有的经过千锤百炼，有的可能是妙手偶得，有的规范准确，有的形象生动，有的修辞精妙，无不闪烁着智慧的光芒。这些言语是文本细读不可忽略的，是语文教学中最可宝贵的资源。

对于语句的学习，《义务教育语文课程标准（2011年版）》对第二学段的要求中说："能联系上下文理解词句的意思，体会关键词句在表情达意方面的作用。"在第三学段中，又说："联系上下文和自己的积累，推想课文中有关词句的意思，体会其表达效果。"

从"表情达意方面""表达效果"等语句我们不难发现：语文教学中对语言的理解，它所关注的不仅仅是语言所提供的有关内容的信息，它还应该关注语言本身，关注有关语言形式的信息、语言的审美信息、语言知识的信息。要在理解意义的基础上，进一步体会言语的表达效果，并适度地了解语言的一些表达方式和体会语言的美。

所以，《义务教育语文课程标准（2011年版）》中提到的"关键词句"，应该是指那些在课文中起到关键作用的言语，那些含义深刻的言语，特别是那些既是关键的，又是含义深刻的，同时又使用了修辞方法的、表达效果极佳的言语。因此，我们必须深入文本，找到这些关键语句，沉吟其中，在理解和运用中体会其在表情达意方面的作用。

1.抓含义深刻的句子

含义深刻的句子一般是在事件或情节的推进中呈现在读者面前的，能引起读者思考的，引发读者感悟的句子。这些句子往往画龙点睛地揭示了课文中心，对表现课文思想内容有较大作用。因此我们必须准确地抓住这样的句子，引导学生联系上下文细细品读，用心思考，理解句子含义，在此基础上进行恰切地语用训练。

比如：《王冕学画》一课，是要让学生"知道王冕的画画得好，是他勤学苦练的结果；并且懂得无论做什么事，都要下功夫，才能成功的道理"。这里"知道"和"懂得"便是本课要达到的情感目标。从全篇课文来看：文章第一自然段介绍了王冕小时候家里很穷，很小就去给人家放牛，为"王冕学画很不容易"打下伏笔；第二自然段写王冕看到雨后荷花非常鲜艳，想把荷花画下来，这是"王冕学画荷花的原因"；第三自然段是写"王冕是怎样学画荷花的"，自然成为全篇课文表现中心的重点段。再细读本段："开始他画不像，可是他不灰心，天天画，画得越来越好。"一句自然成为学生体会"王冕不怕吃苦，肯下功夫，最后取得成功"的抓手。怎样抓住这个中心句让学生体会到"做什么事都要下功夫，才能成功"的道理呢？

我在教学时用创设情境的方法体会重点句意：

（1）有了这些用具，王冕是一下子就能把荷花画得特别好吗？从哪句话知道的？

（2）理清过程。（板书：画不像　不灰心和天天画）

（3）创设情境：王冕开始画荷花时画得一点儿也不像，后来画得越来越好，就像真的似的，多不容易啊！现在你就是小王冕，正在湖边练习画荷花呢！

情境一：

师：王冕天天练习画荷花，一个过路人看见了，对王冕说："你画的这是什么呀？怎么看不出来呢？别画了，画了半天什么也不是。"此时，如果你是小王冕，会怎样回答？

生1：不，我还要画！

生2：不，我要坚持，我一定要把荷花画好。

生3：我练的时间不长，这已经比刚开始的时候好多了，我再练练，肯定会有进步的!

情境二:

师:王冕真有决心,他还继续练习,天天画。他的小伙伴见了,对他说:"王冕,你画了这么长时间,现在刚能看出是荷花来,还是别画了,跟我们一起玩吧!"王冕又会对小伙伴说些什么呢?

生1:我练了这么长时间了,还是坚持一下吧!

生2:你们去玩吧!我不想放弃,还是接着练吧!

生3:这些荷花太美了!我就不信这荷花我画不好!

情境三:

师:王冕继续练画荷花,天天练,妈妈看了可心疼了,对他说:"王冕,你现在已经画得挺像的了,别画了,休息会儿吧!"王冕摇摇头,对妈妈说……

生1:妈妈,我不累,我还要练!

生2:妈妈,您不是说过"做事情贵在坚持"吗?我一定要把荷花画好!

生3:妈妈,我一定能把荷花画好,您相信吗?

生4:妈妈,唐代大诗人杜甫曾经说过"读书破万卷,下笔如有神"。我的荷花光画得像不行,我想再练习练习,一定要画得传神才行。

抓住这个能体现中心的句子,在一次又一次的情境创设中,老师的引导成功地启发了学生的思维,从学生的发言中,我们可以感受到:学生已经知道"王冕的荷花开始画得一点儿也不像,后来画得越来越像,最后把荷花画得传神,就像真的那样"这样一个学画的过程。同时懂得了王冕经历了失败,受到过别人的打击和嘲笑,仍然坚定信念,不顾别人的劝阻,坚持自己的理想,最后才能取得成功的道理。学习这个重点句时,学生在情境中对课文内容不断理解,进而内化为自己的想象,最后组织语言表达出来。理解中有语言的运用,运用过程更体现深度的理解,二者可谓相辅相成。

《葡萄沟》一课,结尾句"葡萄沟真是个好地方!"正是全篇的中心句。教学时,我以大问题引领学生直奔重点:

"为什么说葡萄沟是个好地方?"

我先帮助学生从整体把握课文内容,让学生逐段理解,第一段认识"出产水果多",第二段是"葡萄好,老乡好",第三段认识"葡萄干好",从而体会这里是个好地方。

然后让学生读懂重点段，本课第二段是全文的重点段，也是要求学生理解的重点内容，我从二、三、四句使学生了解葡萄"长得好""又多又美丽""甜"，体会人们为什么喜爱葡萄。

再抓重点词，读重点句子。"葡萄沟真是个好地方！"这个重点句子中重点词是"好地方"，抓住"好地方"，引导学生在语言环境中理解，这是第一个层次的训练；在理解课文的基础上设置第二层次的训练，用投影出示填空：

葡萄沟出产（　　），人们喜爱的是（　　），葡萄的枝叶（　　），成熟的葡萄（　　），挂在绿叶底下的（　　）美丽极了，那里的葡萄干（　　），（　　），非常有名，葡萄沟真是个（　　）。

最后训练写段，仿照课文写一段话。这是训练的第三个层次。

×××真是个好地方。_____

_____

_____

抓住课文中含义深刻、能表现中心内容的句子进行语言文字训练，就要精心设计问题，改变一问一答式的提问，要从整体着手，设计好训练层次，围绕带动全文的大问题向部分辐射。

2.抓结构复杂的句子

小学语文课文中有很多结构复杂、层次多、容量大，内部存在着严密的逻辑关系，可以用来精确地表达丰富的思想内容的句子。比如一些逻辑关系比较强的句子，比如一些带有关联词语的复句，比如一些有特点的句群等等。从学习语言文字运用这个角度，句子教学应该引导学生从三个方面去感悟：一是句子的结构；二是句子的内部关系；三是句子的表达效果。

学习《风娃娃》一课，我抓住长句帮助学生进行语用训练。

师：出示第三自然段的第二句话：

"他们弯着腰，流着汗，喊着号子，船却走得很慢。"

师：大家读读这句话，画出写动作的词语。这些动作都是谁发出的？

生：纤夫们。

师：如果由其中的一个动作说一句话，能说吗？

生：能。可以说成：纤夫们弯着腰；纤夫们流着汗；纤夫们喊着号子。

师：如果课文写成这样你喜欢吗？为什么呢？

生：不喜欢。太啰唆了。

师：是啊。这些动作都是同一个人或者相同的一些人做的，我们只需要在开头说一次就行了。那我们就把它变成一个长句子。（出示原句）

（生读原句）

师：那现在我们再来想一想，风娃娃还能帮助人们做哪些事呢？

生1：风娃娃能发电。

生2：风娃娃能让小船远航。

生3：风娃娃能帮我们吹干衣服。

师：这三个句子，谁能只用一次"风娃娃"换成一个长句子，说一句话？

生：风娃娃能发电，能让小船远航，能帮我们吹干衣服。

上面片段中的句子对于低年级小学生来说是个长句子了。无独有偶，像这样的句子还有《纸船和风筝》中的"他望望架上那一串串紫色的葡萄，迫不及待地爬上葡萄架，摘下一串就往嘴里送"；《狐狸和乌鸦》中的"它找到一片肉，叼了回来，站在窝旁边的树枝上，心里很高兴"，等等。这些句子比较长，如果教师让学生一口气读下来，或者说说这句话主要写了什么，学生定然很难回答上来。在这种情形下，不妨像体育老师那样，采用"拆—合"感悟的方法，把句子分解展开，教师最后引导学生练习造句。这种没有直接讲解的教学，可谓一举数得：长句改短句，化繁为简，巧妙地揭示了句子内部的结构；短句变长句，渗透了连动句型在表达方面简洁、明了的特征。

《祖父的园子》一课，以轻快、优美的文笔详尽地展现了祖父园子的勃勃生机。园子里的所有生命都是那么无拘无束；祖父又是那么宽厚仁爱；尤其是童年的"我"，在这园子里自由自在、快乐无忧。教学时，不妨将教学的重心聚焦在园子的"自由"中，抓住一些结构独特的句子表达"自由"。

其一："祖父栽花，我就栽花；祖父拔草，我就拔草。祖父种小白菜的时候，我就在后边，用脚把那下了种的土窝一个一个地溜平。"

在学生充分朗读感悟的基础上，让学生思考自己的童年：

这样的童年趣事，你有吗？来，说一说，写下来。

妈妈_____，我_____。

妈妈_____，我_____。
妈妈_____，我_____。

其二：学习课文的第十七自然段。

"一切都活了，要做什么，就做什么。要怎么样，就怎么样，都是自由的。倭瓜愿意爬上架就爬上架，愿意爬上房就爬上房。黄瓜愿意开一朵花，就开一朵花，愿意结一个瓜，就结一个瓜。……玉米愿意长多高就长多高，它若愿意长上天去，也没有人管。蝴蝶随意地飞，一会儿从墙头上飞来一对黄蝴蝶，一会儿又从墙头上飞走一只白蝴蝶。"

师：我在这个园子里是幸福的。但幸福不仅仅属于我，连园子里的花朵、蜜蜂、蜻蜓、蝴蝶、小鸟，园子里的一切植物、一切动物，都是自由、快乐的。我要请你们当花朵、当蜻蜓、当蝴蝶，向大家介绍你的快乐和自由。

师：园子里的植物和动物们，你们快乐吗？你们自由吗？

生：我们很自由，我们很快乐！

师：请来说说你的快乐和自由吧。

生：我是祖父园子里的一株玉米，我每天沐浴在灿烂的阳光里。蝴蝶在我身旁起舞，蜜蜂在我耳边唱歌。我愿意长多高就长多高。我要是愿意长到天上去，就长到天上去，反正没人管我。

生：我是一只快乐的蝴蝶，我在园子里随意地飞舞。一会儿从墙头飞进来，一会儿又从墙头飞出去。我从哪里来，又要到哪里去，连太阳都不知道。

生：我是园子里的一株黄瓜。我愿意开一朵花就开一朵花，愿意结一个瓜就结一个瓜。如果不愿意，就是一朵花也不开，一个瓜也不结，也没人问。我要是觉得有点闷了，就会爬到架上去，有时候，还爬过墙头，看看外边的风景。

生：我是园子里唯一的一棵大榆树。园子的西北角是我的领地，来了风，我先呼叫，来了雨，我先接住，太阳一出来，我的叶子就发光了，闪烁得像沙滩上的蚌壳一样。

师：在祖父的园子里有说不尽的快乐、自由……

师：你们是不是也有这样自由、快乐的时候？比如周末父母外出，你自己在家是怎样的状态？尝试结合相应的句式说一说。

生：周末的时候，我一个人在家，想干什么就干什么。愿意睡觉，就多睡一会儿；愿意画画，就在纸上信手涂鸦一番；愿意看电视，我就是遥控器的主人。不愿意写作业那就先不写喽！

生：暑假的时候，我经常一个人在家，真是自由自在啊！我一会儿打开电视看动画片，一会儿津津有味地吃零食，一会儿翻看翻看自己喜欢的故事书，看累了，就跑到院子里和小狗玩耍，真开心啊！

生：一写完作业，我就先舒舒服服地躺在床上睡一大觉。睡醒了，发现家里就我一个人，哈哈，家里现在是我的天下了！我一个"鲤鱼打挺"翻身起了床。东看看，西翻翻，找来一大堆零食堆在桌子上，然后靠在沙发上，一边吃零食，一边看电视。一到四点，和小伙伴约好的踢足球的时间到了，就一溜烟似地跑走了，太爽了！

师：这种具有反复意味的句子，除了表达自由快乐之外，是不是还可以表达其他感情？

生：我多么渴望拥有这么一个周末：想看电视就看电视，想躺在床上胡思乱想就躺到床上去，哪怕躺着打游戏到天黑也没人管……

生：弟弟得到了奶奶的千般宠爱，要吃香蕉就吃香蕉，要抱着四处闲逛就抱着四处闲逛，要撒娇耍泼就撒娇耍泼，要买个玩具恨不得立刻就拿到手……真是个幸福的"小皇帝"！

《少年闰土》一文中，老师抓住转折关系的句式对学生进行语言的训练。

师：闰土的心中仅仅只有这四件稀奇事吗？

生：不，他还有无穷无尽的稀奇事……

师：大家想象一下，他那无穷无尽的稀奇事还会有哪些呢？

（比如：捉泥鳅、捉蝴蝶、打陀螺……）

师：是啊，闰土的心里有着无穷无尽的新鲜事，是说不完的。他就是这样一个机智勇敢、聪明能干、见多识广的农村少年。闰土的心中有着无穷无尽的稀奇的事，闰土知道这么多，那么作为少爷的"我"呢？（什么都不知道）不知道什么呢？

师：闰土知道在沙地上如何捕鸟……

生："我"却不知道。

师：闰土知道夏天去海边捡贝壳……

生:"我"不知道海边有如许美丽的贝壳。

师:闰土有看瓜刺猹的经历……

生:"我"却不知道西瓜还有这样危险的经历。

师:闰土会在潮汛来时去看长着两个脚的跳鱼儿……

生:"我"听也没听说过还有这样的鱼儿。

师:闰土在小河沟和小伙伴捉泥鳅的时候……

生:"我"只能在私塾里读着"之乎者也"。

师:闰土在庭院里打陀螺的时候……

生:"我"只在门口远远地见过别的小孩子玩过。

师:这许许多多的新鲜事,"我"从来都不知道,"我"往常的朋友也是不知道的。所以,在闰土奔驰在海边瓜地的时候,在雪天捕鸟的时候,在海边拾贝壳、潮汛看跳鱼儿的时候……"我"和"我"的朋友们只看到院子里高墙上的四角的天空。

通过这样的师生对读、对说,学生对于文中"他们不知道一些事,闰土在海边时,他们都和我一样只看到院子里高墙上的四角的天空"这句话的理解会更加深入。就能感受到:和闰土相比,"我们"的知识太少了,目光太短浅了,就能感受到作者那种不满现实,追求自由生活的心态。

3.抓具有修辞方法的句子

比喻、拟人、排比、夸张……如果在句子中用上这些修辞手法,读起来就会摆脱平淡,显得生动、形象、深入人心。

"小河清澈见底,如同一条透明的蓝绸子,静静地躺在大地的怀抱里。"——把清澈的湖水比喻成透明的蓝绸子,"比喻"使事物生动具体,给人留下鲜明深刻的印象。

"熟透了的石榴高兴地笑了,有的笑得咧开了嘴,有的甚至笑破了肚皮,露出了满满的籽儿。"——石榴也像人一样咧开嘴笑了,甚至笑破了肚皮,露出了肚子里的籽儿。运用拟人的手法把石榴写活了,文章更耐看了。

"哪里要开山,哪里要架桥,哪里要把陡坡铲平,哪里要把弯度改小,都要经过勘测,进行周密计算。"这个长句读起来感到朗朗上口,有一股强大的力量,增强了文章的表达效果。这就是排比的力量。

此外,我们的课文中还有夸张、反问、设问、对偶等修辞方法的出现,这些言语是在文从字顺的基础上对语言更高层次的运用。分析句子的修辞手法，不但有助于学生理解句子的含义，而且可以引导学生初步懂得修辞手法的作用和表达效果。在分析、理解的基础上，把这些修辞方法运用到我们的表达中，必将提高我们的表达水平，让所描绘的形象显得生动活泼，让读的人喜欢你的描写。

学习带有修辞方法的句子，要纵向分析教材，充分了解各种修辞方法在每个学段的不同要求，根据要求确立如何使用、训练。

比如比喻，是描写经常使用的修辞方法之一，也是教材中最常见的修辞方法之一。从小学低年级起，我们就着手培养学生抓住运用修辞方法的句子进行训练了。

比如一年级上册《小小的船》一文中用"小小的船"来比喻月儿。可以引导学生想象：

月儿还像什么？练习把"弯弯的月儿像＿＿＿＿＿＿。蓝蓝的天空像＿＿＿＿＿＿。"的句子补充完整，形成一个比喻句。

二年级上册是说说"＿＿＿＿像＿＿＿＿"，要求学生独立完成一个比喻句。

三年级下册是"读一读，看看下面每组中的两个句子，哪个写得更好，好在哪儿？"

①翠鸟离开桅杆，很快地飞过去。

②翠鸟蹬开桅杆，像箭一样飞过去。

让学生在两个句子的对比中感悟比喻句的恰当与妙处。

到四、五年级，安排连续的比喻句，让学生体会连续使用比喻句来完美呈现景物所有特征。如《威尼斯的小艇》一课中"威尼斯的小艇有二三十英尺长，又窄又深，有点像独木舟。船头和船艄向上翘起，像挂在天边的新月，行动轻快灵活，仿佛田沟里的水蛇"。

这两个句子将小艇的形状与动作，分别用"新月"与"水蛇"来比喻，既突出了小艇的形状之柔美，又展现了它动作之灵活。小艇轻快、柔美的样子生动具体地呈现在学生面前。

又比如《海底世界》一课语言优美，运用了比喻句、排比句，使海底的奇异景色、各种各样的声音、奇特的海洋生物活动方式跃然纸上，精彩之处让人回味无穷。可以抓住"海底的声音"这一段，感悟比喻、排比的修辞方法的妙处，进行语用的训练。

师：请大家默读二、三小节，想想这两小节分别介绍了海底动物的什么？

生：这两个小节写的是海底的声音和海底动物的活动。

师：（板书：声音、活动）课文中是怎样描写海底动物声音的？请你自由朗读课文第二自然段，用"＿＿"画出有关句子。

（全班交流，出示句子，生齐读。）

（将"有的像蜜蜂一样嗡嗡，有的像小鸟一样啾啾，有的像小狗一样汪汪，有的像人在打呼噜……"这些句子变红。）

师：作者把海底的声音写得多么形象啊！请你仔细读读这句话，说说你发现了什么？

生1：这个句子用了比喻的修辞方法，把海底的声音比喻成像蜜蜂一样嗡嗡，像小鸟一样啾啾，像小狗一样汪汪，像人在打呼噜。

生2：这些短句结构相同，字数相等，采用了排比的手法。

师："嗡嗡、啾啾、汪汪"，这些都是描写动物声音的词语，叫拟声词。细细地读读，你会发现这些声音一个比一个响。看来，作者在写作的时候，还是挺有讲究的呢！你能读好这句话吗？

（指生读）

师：多么有趣的声音啊！谁再来读？

（生有语气地朗读）

师：海底是不是只有这几种声音呢？你怎么知道？

生：因为这几句话后面有省略号。

师：你有一双慧眼！

师：海底还能听到哪些声音呢？谁能仿照课文的句式说一说？

［出示句式："如果你用上特制的水中听音器，就能听到各种各样的声音：有的像（　　），有的像（　　），有的像（　　）……]

生1：有的像小猫一样喵喵，有的像小羊一样咩咩，有的像小牛一样哞哞，还有的好像……

生2：有的像婴儿一样嘤嘤，有的像下小雨一样沙沙，有的像打鼓一样咚咚，有的像……

生3：有的像鸽子一样咕咕，有的像小鸡一样叽叽，有的像青蛙一样呱呱，还有的像公鸡一样喔喔……

师：这么多有趣的声音交织在一起真像是一场别开生面的音乐会，原来看似宁静的海底还真热闹呀。把这句话再读一读，读出这些声音的有趣，读出你们对这些小动物的喜爱。

作者用连续的比喻句描绘了海底奇妙的声音，打开了学生想象的思维。"让孩子们想象海底还会有哪些奇妙的声音"这个语用点的选用，孩子们结合生活实际，结合事先收集的资料，就能想象出各种丰富的声音，奏响一场别开生面的音乐会。看来，这个语用点的选取是契合孩子们语言学习的进度的。

统编版语文教材六年级上册《夏天里的成长》一课，除了让学生掌握"围绕中心意思写"这种写作方法，更要让学生感悟文章语言的优美，发展学生的语言。这篇课文有几处句子都很有特点，运用了排比、拟人以及夸张的修辞方法，教学时，可以让学生先读一读自己最喜欢的句子，比如：

（1）昨天是苞蕾，今天是鲜花，明天就变成了小果实。

（2）一块白石头，几天不见，就长满了苔藓；

一片黄泥土，几天不见，就变成了草坪菜畦。

邻家的小猫小狗小鸡小鸭，个把月不过来，再见面，它已经有了妈妈的一半大。

（3）草长，树木长，山是一天一天地变丰满。

稻秧长，甘蔗长，地是一天一天地高起来。

水长，瀑布长，河也是一天一天地变宽变深。

这些文字中几个分句都以排比的句式呈现，都可以进行仿写的练习。尤其是第三句话还可以让学生根据句式特点练习用上"因为……所以……"的句式进行改写，把它变成关联句式：

因为草长，树木长，所以山是一天一天地变丰满了。

因为稻秧长，甘蔗长，所以地是一天一天地高起来。

因为水长，瀑布长，所以河也是一天一天地变宽变深了。

变换句式可以更好地帮助学生理解这几句话的意思。然后，再试着进行句子的仿写。

五、典型段落训练点

小学中年级以"段"的训练为主。"段"的训练是连接低年级字词句训练与高年级篇章训练的桥梁。正所谓句不离段,段落体现了句与句之间的关系。通过"段落"训练,一方面可以继续巩固低年级的字词句训练,另一方面可为高年级的篇章教学打下坚实的基础。

段落教学主要包括四个方面的内容:一是段落的层次划分;二是段落大意的概括;三是段式结构的把握;四是一段话的写作练习。有的课文自然段不多,可以按自然段教学;有的自然段的段式结构明显,可引导学生分析段内句与句之间的关系;有的只需抓重点自然段;还有的只要抓住重点词句来理解段即可。但需要注意的是既要强化段的训练,又不能面面俱到。

1.划分层次,概括段意

自然段也叫小段或小节。它是作者在表达内容时,围绕一个意思说一句话或几句连贯的话,是构成篇章的最小单位。我们学习段,一是弄懂怎样把话一句一句地连起来,表示一个主要意思;二是进行思维训练,培养概括能力。

自然段如何划分层次和概括段意呢?自然段划分层次,就是通过对一段话的分析,看出这段话有几个意思,这几个意思又是怎样一层一层有顺序地写下来的。因此,给段分层,首先要认识自然段的结构关系。一般来说,常见的构段方式有总分段式、转折段式、因果段式、并列段式等关系。了解了自然段构段方式的不同,就可以明白作者是按照怎样的顺序一步一步地表达中心的。

顺承式小段。是按照事情或动作的先后顺序一步一步表达。一般以"先……然后……接着……最后……"等连接词将一段话连接起来。也可能没有连接词,通过文章中事情的起因、经过、结果,或者按照时间的顺序。这种小段的分层方法是每一步分一层。概括段意时,因为各层意思都比较重要,所以要把各层的内容归纳起来进行概括。具体做法是:

先分析段中共有几句话,每句话是什么意思;再分析段中几句话的写作顺序确定段式;然后看哪几句话联系紧密,再按每一步分一层的方法分层;最后根据文章要表达的意思具体分析,确定哪一层是重点层或是各层都比较重要,就可以概括出本小段的段意了。

比如：

从前有一个人，看见人家大门上挂着一个铃铛，很想把它偷走。//他明明知道，那个铃铛只要用手一碰，就会丁零丁零地响起来，立刻会被人发觉。可是他想："如果我把耳朵掩住，不就听不见响声了吗？"他掩住了自己的耳朵，伸手去偷铃铛。//没想到，手刚碰到铃铛，他就被人发觉了。

这段话是按照起因——见铃想偷，经过——掩耳盗铃，结果——被人发觉的事情发展顺序写的，因此分成三层。然后，把事情的起因、经过、结果串联起来就是段意了。

果然，过了一会儿，在那个地方出现了太阳的小半边脸，红是真红，却没有亮光。太阳好像负着重荷似的一步一步，慢慢地努力上升。//到了最后，终于冲破了云霞，完全跳出了海面，颜色红得非常可爱。//一刹那间，这个深红的圆东西，发出了夺目的亮光，射得人眼睛发痛。它旁边的云片也突然有了光彩。

只要找出这段话中表示时间变化的三个词语，"过了一会儿""到了最后""一刹那间"，就可以将小段划分为三个层次。

并列式小段。在一段话中，分别写几种事物的几个方面，它们层与层之间的关系是并列存在的。比如：

大地变绿了，成了虫儿们的天堂；//河水胖起来了，喘着粗气跑向大海；//麻雀穿梭在树林中在玩着什么游戏；//屋角的花猫正在暖阳中眯着眼呢；//岸边的柳树在微风中梳理着翠绿的秀发……//

海底的岩石上长着各种各样的珊瑚，有的像绽开的花朵，有的像分支的鹿角。//海参到处都是，在海底懒洋洋地蠕动着。//大龙虾全身披甲，划过来，划过去，样子很威武。

像这样把这种变化一前一后排列起来，而且句子与句子之间是并列的关系，我们把由这样的句子构成的段落，叫作并列式结构的段落。这种小段的分层方法是：写几种事物分几层；写一个事物的几方面就分几层。概括段意的时候，一般要把各层的主要内容综合归纳起来，用一两句话概括。

总分式小段。先总述再分述或先概括后具体叙述的小段叫总分式小段，分为先总后分、先分后总、总分总式这几类。其中，总分关系的分两层。总述一层，分述一层。总分总关系的分三层，总述一层、分述一层、后面的总结又一层。概括段意时，一般用原句。在此说明，中心句就是总括句。先总后分的,总括句在前;先分后总的,总括句在后;总分总的,总括句在后面的总结。

比如:

天空中的风筝越来越多,热闹极了。//一只美丽的"大蝴蝶",橘黄的身子布满墨绿的斑纹,呼扇着翅膀徐徐上升。那金黄色的"小蜜蜂",翅着两只绿色的翅膀,好像在百花丛中飞来飞去。那鲜红的"大金鱼",尾巴一摆一摆的,好像在水里游。还有那精致的"小卫星",闪着金光,仿佛在宇宙中飞行……

一群群的鱼在珊瑚丛中穿来穿去。//有的身上长着彩色的条纹,有的头上长着一簇红缨,飞虎鱼的周身像插着好些扇子,游动的时候好看极了。气鼓鱼的眼睛圆溜溜的,身上长满刺儿,它鼓起气来,像皮球一样圆。//各种各样的鱼,多得数不清。

丁香花已经开了不少了。//丁香花的叶子挨挨挤挤的,像一个个红红的小桃子,紫丁香在这些小桃子之间露出了头。有的才露出两三朵小花儿,有的花瓣儿全展开了,绽开了笑脸,有的还是含苞未放,看起来像一根根玉米棒子。这么多的丁香花,一朵有一朵的姿势,看起来真像一幅活的画啊!

因果式小段。按照事情的原因、结果的关系写出来的小段叫因果式小段。常用"因为……由于……因此……所以"等词语表示这种因果关系。一般情况下,这种小段先写原因,后写结果,分开划分,因一层、果一层。或者反过来,先果后因。概括小段段意,一般抓果,但是抓因还是因果兼顾要根据文章的主要意思具体分析。

例如:

威尼斯是世界闻名的水上城市。//小艇成了主要的交通工具,等于街头的汽车。

这是一个典型的因果式小段,概括段意为:小艇是威尼斯主要的交通工具,等于街头的汽车。

西沙群岛一带海水显出种种色彩,有深蓝的,淡青的,绿的,浅绿的,杏黄的,一块块一条条地交错着,五光十色,异常美丽。//因为海底高低不平,有山崖,有峡谷,海水有深有浅,从海面看,色彩就不同了。

这个小段是先写结果,后写原因的段落,概括段意时一定要抓果不抓因。

转折式小段。前后意思相反或相对的小段叫作因果式小段。通过转折词给一个段落分成两部分。常用的转折词有"可是、但是、而、然而"等。

那时候，行医是被人鄙视的行业，李时珍的父亲不愿儿子当医生。//但是李时珍却处处留心向父亲学习，还暗自记下了不少药方。

一连几发炮弹落在小庙的周围。庙的一角落下了许多瓦片。挂在门口的布帘烧着了，火苗向手术台扑过来。助手们赶忙把火扑灭。担架队抬起做过手术的伤员，迅速向后方转移。//白求恩仍然争分夺秒地给伤员做手术，做了一个又一个。

这样的小段在概括段意时，一般抓转折后的内容进行归纳，有时也要兼顾，用转折句式表示。

课文中的小段基本上分为以上几种，有时还会出现夹叙夹议的叙议式小段，以及出现几种关系的综合式小段。在平时的阅读中，我们还会发现很多小段不那么典型，其结构也不像典型小段那么明显。但是无论是典型小段还是非典型小段，所用的分析方法都是相同的。这就是在"认真阅读、仔细思考"的基础上掌握以下规律：

第一步：要读懂每一句话。弄清每句话主要写了什么。

第二步：要把意思联系紧密的句子并成一层。

第三步：要简明、扼要、不丢重点地概括小段段意。

首先，要把各层连起来看全段主要写的是"谁的什么事"或"什么怎么样"。其次，看有无表达全段内容的重点层、重点句。如有重点层、句，可抓住重点层、句概括，有的可用原句，有的可用串连文中词句的方法进行概括。如无重点层、句，就要各层意思归纳起来，或用串连文中词句的方法概括，或用自己的话进行概括。比如：

周总理让大家先坐下，他走到教室后面，看墙上的"学习园地"，一边看一边不住地点头。//然后，他在我身边坐下来，拿起我的语文课本，轻轻地问："是讲这一课吗？"我连忙回答说："是的。"周总理戴上眼镜，认真地看课文。看完课文，他把眼镜拿在手里，跟我们一起学习。

像这样的小段就是顺承式小段，分析如下：

第一步：读懂每句话。

第一句主要写周总理看"学习园地"；第二句主要写周总理拿起课本；第三句主要写周总理看课文；第四句主要写周总理和我们一起听讲。

第二步：把意思联系紧密的句子并成一层。

第一句是一层意思，写的是周总理看"学习园地"；第二、三、四、五句写的都是，关于周总理和我们一起听讲的事，并成一层。（共两层）

第三步：概括小段段意。

首先，把各层连起来看全段主要写的是"谁的什么事"或"什么怎么样"（这段话写的是周总理来到我们教室里的事）。然后，看有无表达全段内容的重点层、句（没有突出哪层更重要，两层都比较重要，只有三个重点词句："教室""看学习园地""和我们一起听讲"）。先写周总理看学习园地，再写周总理和我们一起上课，所以可以分成两层意思。概括段意的时候，两层内容都很重要，那么，我们就用申连词句的方法概括成：周总理在教室里先看"学习园地"，然后和我们一起听讲。

又比如：

有一回，要接待外宾，周总理风趣地对工作人员说："同志，我今天该穿那套'礼服'了。"那位工作人员指着衣服上一块织补过的痕迹说："总理，您这件'礼服'早该换换啦！"总理说："这蛮好嘛，穿着补丁衣服照样可以接待客人，织补的痕迹不要紧，别人看看也没关系，丢掉了艰苦奋斗的传统才难看呢！"//周总理的这套"礼服"不知补过多少次了。袖子上的补丁已经有袖子的三分之一大了。//给周总理缝补衣服的工人师傅，回忆起当时的情景，总是含着泪说："几十年啦，总理做了几件新衣服，我们记得清清楚楚；但是给总理修补衣服的次数，谁也无法数清啊！"

这是一个非典型的小段，可以这样分析：

第一步：读懂每句话。

第一句主要写周总理接待外宾要穿那套"礼服"；第二句主要写工作人员说那套"礼服"早该换换啦；第三句主要写周总理舍不得丢掉那套"礼服"；第四句主要写那套"礼服"的袖子上已经有三分之一织补过了；第五句主要写周总理做新衣服少，修补衣服的次数多。

弄明白了段落中每句话的主要意思，接下来就要把联系紧密的句子并成一层。

第一、二、三句都是写周总理的"礼服"破旧，他舍不得丢掉，所以并成一层；第四句是一层，写那套"礼服"破旧到什么程度；第五句是一层，写周总理做新衣服少，修补衣服的次数多。（共三层）

第二步：概括小段段意。

首先，把各层连起来看全段主要写的是"谁的什么事？"或"什么怎么样"（这段话主要写周总理的"礼服"这件事）。然后，看有无表达全段内容的重点层句（这小段没有突出哪一层、哪一句更重要，三层都比较重要）。那么我们就根据全段主要写周总理"礼服"这件事，用自己的话概括成：周总理的礼服缝补过很多次。

归纳逻辑段的段意，是训练学生口语表达的有效方式。这个语用训练点的落实，是学生朗读、理解、概括、归纳能力的综合体现。

学生概括段落大意有多种方法，比如段意合并法、要素串联法、问题概括法、标题追溯法、内容借助法等。

比如《只有一个地球》这篇课文，学生通过默读课文，通过抓关键句，知道课文讲了哪几个方面的内容：

第一、二自然段里找一找课文从哪些地方写了"地球美丽又渺小"，引导学生读懂课文，先从宇航员视角，抓住颜色、形状等特征描写地球的美丽，接着以列数字的方式说明地球相较于宇宙而言的渺小。通过"地球，这位人类的母亲，这个生命的摇篮，是那样美丽壮观，和蔼可亲"和"同茫茫宇宙相比，地球是渺小的"来理解地球是美丽却又渺小的。

第二部分，可以让学生自主批画并交流：课文列举了哪些自然资源？地球给了人类什么？人类都对地球做了什么？从而读懂自然资源的有限与人类行为之间的内在联系。

第三、四部分，可以放手让学生自主学习并交流。如：抓住"40万亿千米"，通过举例比较的方式，引导学生读懂人类移居其他星球的不可能性。再如，抓住宇航员的感叹，并联系第一自然段，从感性到理性，深化对保护地球必要性的认识。

这样，引导学生通过交流，抓住每一段的关键句对课文层次进行梳理，了解课文写了"地球美丽但渺小""地球的资源有限""目前人类还无法移居""我们要精心保护地球"这几个部分的内容。

2.段落仿写训练点

在具体的段落教学中，不能只对段的定义、段的构成、段的类型、段的功能等做直接的讲解、记诵和操练，而是应该认真研读精彩段落，走到精彩段落的语言世界中，去发现隐藏在精彩段落背后的美丽风光和丰富情感，感受精彩段落的写法、获得体验，从而深层次地体现语言工具性、情感性、整体性的和谐统一。

段的结构多种多样，但也有一定的规律可循。引导学生从课文中找出典型的、常见的构段方式进行归纳、分析，认识一些常用的段落特点，可以帮助学生提高阅读能力。

比如《秋天的雨》这篇课文的第二、三、四自然段在结构上是相同的，我们以第二自然段为例，引导学生认识"总分式"段落，再迁移到课文的第三、四自然段，最后结合生活实际进行运用的训练。

第二自然段：

秋天的雨，有一盒五彩缤纷的颜料。你看，它把黄色给了银杏树，黄黄的叶子像一把把小扇子，扇哪扇哪，扇走了夏天的炎热。它把红色给了枫树，红红的枫叶像一枚枚邮票，飘哇飘哇，邮来了秋天的凉爽。金黄色是给田野的，看，田野像金色的海洋。橙红色是果树的，橘子、柿子你挤我碰，争着要人们去摘呢！菊花仙子得到的颜色就更多了，紫红的、淡黄的、雪白的……美丽的菊花在秋雨里频频点头。

①自由读读这段话，说说这段话的意思。说说这段话共有几句话？讲了哪几方面的内容？主要讲了什么意思？

②大家说的这个意思，其实就是这一段中的哪句话？把它画下来。（在老师的引导下，学生得出是围绕第一句话"秋天的雨，有一盒五彩缤纷的颜料"来写的。）

③围绕着"秋天的雨，有一盒五彩缤纷的颜料"这句话，这段话写了哪些内容？（黄黄的银杏树、红红的枫树、金黄色的田野、橙红色的橘子、柿子、多彩的菊花）

④小结：像这样，围绕一句话来写的段落，我们称它为"总分式"段落。我们把总写的这个句子叫作总起句，它不仅提示了这一段的主要内容，而且是这个段落的灵魂和统帅，起到了总领的作用。其他的句子围绕第一句的意思来讲，从几个方面进行叙述或描写，叫作分述句。

⑤多种形式指导学生进行诵读训练，感悟总分段式的构段特点：教师读第一句，学生读后面的部分；齐读第一句，学生分组读后面部分。

⑥看看后面两个自然段分别是围绕哪一句话讲的，画出每段的总起句，并想一想讲了哪几方面的内容？

这样的教学，由扶到放，接受性学习与自主探究相结合，使学生对总分式段落有了初步的了解，感受到了这种段落的特色和效果。

在此基础上引导学生进一步探究，抓住语言表达的规律进行仿写训练。

①如果把"秋天的雨，有一盒五彩缤纷的颜料"移到这个自然段的结尾会是怎样的呢？学生读一读。

②分述句写在前面，概括的句子放在一段话的后面，这个概括的句子称为"总结句"。

③小结：像这样分述句在前，总结句在后的句式，我们称它为"分总"式段落结构。

在确立了这个自然段的"中心句"后，引导学生品读感悟其他几句话是怎样把这句话写清楚的，从而厘清"总分"关系；再变换位置，给学生拓展"分总式"段落结构。以教引路，导引学法的教学过程，使学生不仅掌握构段的规律和方法，而且可以迁移到习作中，培养写段谋篇的能力。

接下来的教学，引导学生通过朗读进行观察。分述部分虽然是并列关系，但是内容和形式上又是有区别的：黄色和红色分别介绍了银杏树和枫树，这两句话的句式是相同的。金黄色和橙红色分别介绍了田野和果园的颜色，用紫红、淡黄、雪白等颜色介绍了菊花。作者的介绍从单一到多元，足见秋天的雨就像个调色盘，勾勒出许许多多的颜色。抓住这些特点，我们可以结合具体的语句帮助学生先理解，再运用。

①这段话是围绕_____写的。联系上下文，根据_____、_____、_____、_____、_____、_____、_____等词语，我理解了"五彩缤纷"的意思是_____。

②抓住两组描写有特点的句子进行仿写练习：

它把黄色给了银杏树，黄黄的叶子像一把把小扇子，扇哪扇哪，扇走了夏天的炎热。

它把红色给了枫树，红红的枫叶像一枚枚邮票，飘哇飘哇，邮来了秋天的凉爽。

金黄色是给田野的，看，田野像金色的海洋。

橙红色是给果树的，橘子、柿子你挤我碰，争着要人们去摘呢！

③此时，借助课件出示"各种各样的水果图"，用：

"她把_____给了_____，_____像_____，_____。"的

句式，对"五彩缤纷"进行补充，让学生练习仿写。

"＿＿＿＿是给＿＿＿＿看的，＿＿＿＿像＿＿＿＿。"对第二组句型进行仿写。

④分步训练结束以后，我们就可以引领学生对整个"总分式"小段进行仿写的练习。

"秋天的雨，有一盒五彩缤纷的颜料。＿＿＿＿＿＿＿＿＿＿＿＿＿＿
＿＿＿＿＿＿＿＿＿＿＿＿＿＿＿＿＿＿＿＿＿＿＿＿＿＿＿＿＿＿＿＿
＿＿＿＿＿＿＿＿＿＿＿＿＿＿＿＿＿＿＿＿＿＿＿＿＿＿＿＿＿＿＿＿

抓住有特点的段落的语用训练点设计教学环节，既实现了对课文内容的理解，又通过逐步的仿写，由句到段，帮助学生很好地掌握了段落的学习。比如：学习《荷花》可以让学生仿写熟悉的花；学了《珍珠鸟》可以让学生仿写鸟。进行段落的仿写，一般要经历"理解段意—认识特征—体验写法—创境运用"等过程。

统编版教材中，有很多课文都包含有结构特点的段落。

如：《海滨小城》一课的教学中，由于课文中的四、五、六自然段都是围绕着一个意思来写的，第四自然段写了小城的树多，第五自然段写了小城的公园美，第六自然段写了小城的街道美。教学时，教师就可以让学生仿照着文中的段落，并结合本单元语文要素"习作的时候，试着围绕一个意思写"的目标要求，让学生以"公园一角"或者"校园一角"为话题进行仿写训练。这样教学，不仅可以使学生对文本的表达范式有进一步的了解，而且学生的习作水平也会随之得到提升。

《花钟》一课的第一自然段，运用拟人的修辞手法将花儿的开放写得生动、有趣。"要是我们留心观察，就会发现，一天之内，不同的花开放的时间是不同的。凌晨四点，牵牛花吹起了紫色的小喇叭；五点左右，艳丽的蔷薇绽开了笑脸；七点，睡莲从梦中醒来；中午十二点左右，午时花开放了；下午三点，万寿菊欣然怒放；傍晚六点，烟草花在暮色中苏醒；月光花在七点左右舒展开自己的花瓣；夜来香在晚上八点开花；昙花却在九点左右含笑一现……"

这段话以"总分"式小段呈现，分句则是并列关系。

"牵牛花"吹起了"小喇叭"，

"蔷薇"绽开了"笑脸"，

"睡莲"从梦中"醒来",
"万寿菊""欣然怒放",
"烟草花"在暮色中"苏醒",
"月光花"舒展开"花瓣",
"昙花""含笑一现"。

帮助学生抓住关键语言,体会作者拟人手法的秘妙,可以作为范例教学。

学习《赵州桥》一课,其中的过渡段"赵州桥不但坚固,而且美观",可以让学生找出承上的意思在哪里,启下的意思又在哪里,使学生懂得什么是过渡段、过渡段的作用是什么、怎样写过渡段等。

再比如教学中,教师可以抓住课文中描写人物的外貌、动物的形态、迷人的景物、热烈的场面等精彩片段,指导学生变换角度或更换结构来仿写与课文内容相似的片段。如传统课文《桂林山水》中的第二自然段,作者运用排比、比喻等修辞方法,准确而鲜明地写出了漓江水"静、清、绿"的三大特点。教师可以引导学生联系生活实际想一想:生活中,你看到过的哪些景物给你留下了深刻的印象,请仿照文中的思路、方法,创造性地写一段话。于是,学生结合课文很快就仿写出了具体生动的片段,如:"秋天,花园里的菊花开了。花园里的菊花可真多啊!多得仿佛是那天上的繁星在此集会,数也数不清。花园里的菊花可真香啊!香得吸引了无数的游客驻足停留,不愿离去。花园里的菊花可真美啊!美得让人感觉仿佛到了人间仙境一般,陶醉其中。"这样的仿写,学生写得得心应手,愿写、乐写,表达了他们的真情实感。

学习《狼牙山五壮士》一课时,我指导学生先画出关键句,依据关键句来概括小标题。学生找到了第二自然段的关键句:"为了拖住敌人,七连六班的五个战士一边痛击追上来的敌人,一边有计划地把大批敌人引上了狼牙山。"根据这个关键句,有的同学把这一段的小标题概括为"引敌上山"。原来学生只关注了关键句,没有关注本段的内容,本段主要是讲五个战士是怎样痛击敌人的。于是我又指导他们联系上下文去理解本段的内容,学生这才发现:这一段是写五位战士痛击敌人的,于是准确地概括为痛击敌人。这个时候,我适时给孩子们强调:概括小标题不仅要关注关键句,还要关注本段所讲的主要内容。

《真理诞生于一百个问号》这篇文章，课文的题目就是作者的主要观点，作者用三个具体、确凿的事例进行了论述。教学时，可引导学生先按文章顺序进行纵向分析，把每一件事的大意概括出来，然后再引导学生把三件事横向平铺，对比着研读。学生就会发现这三件具体事例有共同之处，那就是：每一个事例都是按照"发现问题—引发思考—研究实践—得出结论"这个顺序描述的。于是，后面让学生完成"用具体事例证明一个观点"时，就有了方法的支撑。学生可以用自己在生活中搜索到的一个事例，比如用"鲁班发明锯子"这个事例，按照上面的顺序，来先证明文中"真理诞生于一百个问号"的观点。然后，用自己想到的事例去证明一个新的观点：比如"有志者，事竟成"。学生在证明观点的时候，就能按照一定的顺序去一步步完成。比如："想做什么—经历失败—坚持练习—获得成功"等顺序。这样的语用练习，就是在理清内容层次的基础上进行的有效的语用训练。

3.段落补白训练点

我们的教材中许多文章也会像中国画"留白"那样，留下一些文本的空白，给读者留下一个想象、填补的空间，这样的"空白"给教学留下了无限的拓展空间。对文章的"留白"进行个性补白，其实也是对课文进行"二次创作"。因此，教学中，教师利用这些文本空白引导学生进行补白练笔，不但可以发展学生的语言、思维能力，还能在感悟与训练之间搭起一座智慧的桥梁，成就阅读课的无限精彩。

（1）对标点进行补白

标点符号是文章的有机组成部分，是文章表情达意不可缺少的。在教学中充分利用标点进行"补白"，让学生想象练笔，既有利于阅读的深化，又有利于对课文思想内容的深入体会。比如，有些文章往往用省略号留下空白，让读者去联想、去补充。其实在这些似乎"无"的空白之中，渗透着极丰富的"有"。

比如在教学《地球爷爷的手》一课时，第十自然段中的句子：

地球爷爷说："能让成熟的桃子掉下来，能让踢到半空的足球掉下来……"

利用这里的省略号，我们可以结合课后的学习小泡泡"你能举例说明地球爷爷有手吗？"引导学生创造性地补白：地球爷爷的手，还能让（　　　），还能让（　　　），还能让（　　　）。学生根据自己的生活经验，有的说：

"地球爷爷的手能让抛到半空的篮球掉下来。"有的说:"地球爷爷的手能让枯黄的树叶飘下来。"还有的说:"地球爷爷的手能让教室里的桌椅稳稳地放在地上。"

《真想变成大大的荷叶》是一首儿童诗,诗中反复出现了"我想变成_____,_____。"的句式,想变成什么呢?诗歌中分别写到了想变成"透明的雨滴,睡在一片绿叶上";想变成"一条小鱼,游入清凌凌的小河";想变成"一只蝴蝶,在花丛中穿梭";想变成"一只蝈蝈,歌唱我们的生活";想变成"眨眼的星星、弯弯的新月",最后想变成"大大的荷叶"。诗歌最后的省略号,给人意犹未尽的感觉,仿佛诗人还想变成很多很多的事物。于是老师设计了这样的问题:"还有很多小伙伴都来了,他们都藏在这长长的省略号里了,你能把他们找出来吗?于是,让学生用"我想变成_____,_____。"的句式进行补白的练习,配合上诗歌原有的开头,拓展成一首新的儿童诗。

夏天来了,夏天是位小姐姐。

她热情地问我:想变点儿什么?

我想变成一只小青蛙,帮助庄稼除害虫。

我想变成一只猫头鹰,专捉可恶的田鼠。

我想变成一只蜜蜂,每天辛勤地采蜜。

我想变成美丽的花朵,我想变成碧绿的小草,

最后我看到了池塘,变成了一片硕大的荷叶,

静静地在池塘里站着,蜻蜓来了,在荷叶上快乐舞蹈。

教师提供了丰富的思维空间、想象空间,学生的阅读兴趣被激发起来了,对文本的价值也有了更深刻的认识。

《盘古开天地》一课的结尾处有这样一句话:"他的汗水变成了滋润万物的雨露……"他还有哪些部位,如额头、皱纹、鼻孔、嘴唇、手掌、青筋、指甲等,还会变成大自然的什么景象呢?教学时,学生明白了这一段是围绕"盘古倒下后,他的身体发生了巨大的变化"这一句话来写的,后面的句子句式相同,即"他的什么,变成了怎样的什么"。紧扣省略号,让学生展开想象完成了一组排比句的补白训练:他的(   ),变成了(   );他的(   ),变成了(   );他的(   ),变成了(   );他的(   ),变成了(   )。充实了文本内容,内化了"他的(   ),变

成了（　　）"的句式类型。

这样的训练，让学生明白了后面补写的内容都围绕"身体的变化"来写，是总分段式。此处补白，既训练了学生的表达能力，又激活了学生与文本更加积极的对话，盘古的献身精神也渐渐植根于学生的心灵深处。

由此，我们发现：段落仿写能让学生了解按事情发展顺序、按时间顺序、按空间顺序、按先总结后分述、按先分述后总结、按并列段式等段的构成方式，逐步形成段的概念。教材中有一些描写得精彩生动，并且与学生的写作结合比较紧密、有代表意义的结构段，尤其是文章的开头、结尾、人物肖像描写、心理刻画、对话方式、自然环境等精彩段落描写，都可以让学生在理解的基础上进行仿写。

（2）对情节进行补白

对课文的情节进行补白训练，突出作者没有详细写出的细节部分，将原本短小精悍的文章扩写成内容更加丰富的故事。

例如：《月光曲》是一篇意境优美的课文。作者以生动的文字将《月光曲》的内容、意境及情感表达出来。文章熔传说、美景、深情于一炉，体现出文字美、情感美、意境美。如何训练、发展学生的语言能力呢？教学时，我注意到课文中每个人物说话的时候，几乎是没有提示语的，特别是第三自然段兄妹俩的对话。于是，我设计了这样的教学环节：先让学生读读第三自然段，接着布置小练笔：这对兄妹互相体贴，手足之情感人至深。让我们再来读读这些对话，由于贝多芬在茅屋外，看不见盲姑娘兄妹的神态、动作，请同学们根据他们说话的内容，想象他们说话的语气、动作、神情，加上适当的提示语，使人物的对话更生动形象。

一个姑娘（无限向往地）（懊恼地）说："这首曲子多难弹哪！我只听别人弹过几遍，总是记不住该怎样弹，要是能听一听贝多芬自己是怎样弹的，那有多好哇！"一个男的（自责地）（难过地）说："是啊，可是音乐会的入场券太贵了，咱们又太穷。"姑娘（急忙安慰哥哥）（故作轻松地）说："哥哥，你别难过，我不过随便说说罢了。"

通过这样的练习，学生对课文内容理解更加深入，"语用"能力逐步得到提高。

又如：在《胖乎乎的小手》这篇课文中，为了让学生积累并运用这些规范性的语言，我采取了以下教学策略：

首先，我先把这三个句子放在一起，让学生边读边比较：

（1）这胖乎乎的小手替我拿过拖鞋呀！

（2）这胖乎乎的小手给我洗过手绢啊！

（3）这胖乎乎的小手帮我挠过痒痒啊！

第二，指导学生找出"替我拿""给我洗""帮我挠"这几个词语，在读中深刻地体会动词的巧妙运用。

第三，出示句子：小手帮我拿拖鞋、小手帮我洗手绢、小手帮我挠痒痒。让学生再次从读中掌握"谁帮谁干什么"这种句式的特点。

最后，请学生仿照这种句式说一说以下四个句子：

"我替爸爸_____"

"我给妈妈_____"

"我帮老师_____"

"我为大家_____"。

这样的教学策略，学生既借鉴了课文语言规范地进行了的表达，又能在读中内化，在写中运用，最后逐渐提升"语用"水平。

再如《学弈》这篇古文主要描述了弈秋指导两人下棋的故事，其中一人学棋专心致志，而另一人却三心二意，最终两人的学习效果也迥然不同。通过这则故事，我们懂得学习时应心无旁骛、一心一意，这样才能取得优秀的成绩。在教学时，让学生尝试对两位学习者的心理和行为进行扩写。有的学生写道"其中一人手拿棋子，耳朵认真倾听弈秋的话语，眼睛仔细盯着棋盘，脑子钻研着围棋的每一个变数；而另一个人一会儿摸摸弓箭，一会儿抬头看天，时刻准备在天鹅飞来的时候拉动弓弦"等。利用这样的情节进行补白，进一步突出了课文细节。

此外，还可以尝试让学生描写两人在学习后对弈的情景：这两个人在弈秋离开之后打算对弈一局，那个专心致志的人在棋盘上下了几手，很快就让那个不专心学习的人感到为难。后者诧异地抬起头说："这么高超的棋术，是你自己想出来的吗？"前者摇摇头说："这是弈秋老师刚刚教过的招数啊！你怎么这么快就忘了呢？""是吗？我怎么一点儿都不记得了呢？""哎，那个时候，你的心思恐怕早就飞上天，去找天鹅作伴了吧？"说完，他不住摇头叹息。那个一心想射天鹅的人不好意思地低下了头："我错了，我不应该三心二意。"从此，两人一起学习，都能做到一心一意，认真地下棋，再也不东张西望、三心二意了。他们的棋术也就越来越高明。

对情节进行补白的过程中，学生的思维在不停地运转，想象会更加丰富，学生会在这个过程中获得更多的情感体验。

（3）对结尾进行补白

在小学语文教材中，有些课文的结尾往往令人深思，耐人寻味，甚至有的文章在高潮之处戛然而止，学生读到结尾却仍觉意犹未尽，产生"言已尽而意无穷"的感受，给学生留下充足的想象空间。这时，教师可以在课文结尾处进行补白练笔，对后续内容进行合理延伸，让学生充分展开合理的想象，拓展思维能力，享受自由创作的乐趣。

如教学人教版语文六年级上册《穷人》一课，可以设计这样的小练笔：同学们，渔夫和妻子桑娜收养了邻居西蒙的两个遗孤，以后的日子该如何过呢？相信此刻同学们的心中充满了无限的忧虑，请结合课文内容，展开想象的翅膀，续写课文，把渔夫和妻子桑娜收养邻居西蒙的两个遗孤之后的日子写出来。这样的设计，既紧贴课文内容，激发了学生的想象，又升华了学生的情感。

《珍珠鸟》一文结尾处有这样一段话："有一天，我伏案写作时，它居然落到我的肩上。我手中的笔不觉停了，生怕惊跑它。待一会儿，扭头看，这小家伙竟趴在我的肩头睡着了，银灰色的眼睑盖住眸子，小红爪子刚好被胸脯上长长的绒毛盖住。我轻轻抬一抬肩，它没醒，睡得好熟！还咂咂嘴，难道在做梦？"教学时，我让学生放飞想象，提问："假如你就是那只小珍珠鸟，做了一个甜蜜的梦。你梦见了什么呢？"学生有的说："我梦到自己与主人在屋里玩捉迷藏，一起嬉戏。在主人的怀里撒娇，要小虫子吃。"有的说："我梦见了主人带我去郊外的田野中玩耍，主人追着我，我在天空中自由自在地飞翔，与主人嬉戏。"有的说："我梦见主人在教我学习一些人类的基本语言，而我也教主人学习鸟语，我们已经能很好地沟通交流了。""写梦"的设计，既升华学生对文本内涵的体悟，又突出语言表达的训练，实现了语言学习吸纳和输出的有效统一。

在文本的空白处进行补白训练，拓展学生想象的空间，激发学生的创作情感，继而写出富有个性化的语言。

（4）对插图进行补白（结合插图创设情境）

语文教材中的插图并不是简单地解说文章，最重要的作用是用插图来吸引学生的注意力，进一步拓展学生的思维，提高学生的想象能力。给文章配上插图，既可以给学生提示文章的背景知识，又可以将文章中无法用文字表达的情感和内容进行展示，所以教师在实际教学时要充分利用插图引导学生去观察和分析，并根据插图续写故事，这样学生就对将要学习的文章有了大致了解，而且会在一定程度上提高学生的语文运用和表达能力。例如：作者在写《金色的鱼钩》这篇文章时，通过大量外貌、语言、动作以及神态等方面的描写来体现人物的内心情感，从而将老班长对革命的忠诚以及舍己为人的精神通过文字表现出来，这些都需要学生对文章进行阅读和理解之后才能了解，单单只是通过图片很难看出这些，所以教师要引导学生对插图进行细致的观察和深入的分析，让学生身临其境地去感受当时的情境以及作者当时的心情，从而切实地感受到长征时期士兵们过草地时的艰苦和困难，这样的教学方法不仅能够让学生获取文章中更深层次的内容，而且能够让学生更深刻地感受到作者在文章中所蕴藏的思想和情感。

4.段落改写训练点

吕叔湘先生说："改写，各种方式的改写，各种范围的改写，实在是作文的最好准备。"

教师可以抓住一些学生感兴趣的片段进行个性化的改写练笔，让学生在改写过程中强化对文本内容的理解，进行再创造。如统编版语文教材五年级上册的课文《鲸》是一篇常识性说明文，作者运用列数字、举例子、作比较、打比方等说明方法，介绍了鲸的外形特点、进化过程、种类和生活习性等方面的知识。

在学生理解课文内容，掌握作者的表达方法之后，教师可以补充介绍一些有关鲸的资料，然后出示随文练笔作业习题，让学生自由选择一题完成。

①结合课文内容，替海洋馆写一段关于鲸的解说词；

②根据课文和自己收集的资料，以"鲸的自述"为题写一篇短文。

教师重视读写结合，让学生在读中理解吸收，又在改写中练习运用，学生不但加深了对课文内容的理解，还掌握了表达的方法，写出了自己的真情实感。

六、篇章语用训练点

在细读文本时，把握好文章的篇章结构，对文章进行整体的把握，就会对文本有俯瞰全局的宏观认识。在此基础上，才能理清文章的脉络，深入品味文本谋篇的巧妙和构思的精妙，从而促进学生读写能力的提高。

篇章的语用训练，其突出的特点便是从整体着眼，在读懂课文、整体把握的同时，既受到语言文字的训练，也获得思想提升和情感熏陶。中高年级的阅读教学应尤为关注篇章知识的教学，要注重从文体特点的角度引导学生认识、理解和积累。比如：学习叙事性的文章，我们要关注事情的情节、结构、人物；学习写景的文章，我们要关注画面、情感、顺序；进行诗歌教学，我们需关注意象、情感、韵律等。培养学生从文章整体出发，掌握阅读的方法和技巧，了解语篇题材，分析语篇模式。从文章的关键词、中心句、段落中把握语篇的内容、主旨、作者的态度及意图等。从而逐步获得独立阅读的能力，实现语文教学目标。

1.概括课文主要内容

概括课文的主要内容是培养小学生把文章由厚读薄的能力，是学生学习语文所必需的能力。培养学生精练的概括能力是小学语文阅读教学中的一个重点和难点，同时也应成为学习语言文字运用的应有之义。然而一篇课文要用一两句话表达出主要内容，对小学生来说很不容易。因此教师要在教学实践中主动探究培养学生精练概括能力的有效策略，指导学生不断实践，在实践中灵活运用，在实践中不断提高学生的概括能力。

文章的主要内容是指主要记了什么事，或写了什么人。从概括的切入点来说有以下几个方面。

第一，抓关键要素。凡是写人记事的文章，通常都有时间、地点、人物、事件（事情的起因、经过、结果）四大基本要素。因此，概括这些文章的主要内容时，只要把事件的这些要素弄清楚了，用词语串联起来，就是该篇文章的主要内容了。一般情况下，阅读这类课文时，老师可以"课文写的谁？在什么地方？做了什么事？"等问题引导学生，然后概括主要内容。

如《金色的鱼钩》一课是按事情发展顺序写的。先写了指导员派老班长照顾三个病号过草地，再写老班长想尽办法钓鱼煮野菜汤给三个病号吃，最后写老班长牺牲了，"我"把老班长留下的鱼钩保存起来，以教育后代。这篇课文的主要内容就概括为：在红军长征途中，一位炊事班长牢记部队指导员的嘱托，尽心尽力地照顾三个生病的小战士过草地，不惜牺牲自己生命的感人故事。

又如：《董存瑞舍身炸暗堡》一文中事情发生的时间是1948年5月25日；地点是隆化中学附近；人物是董存瑞；事件是董存瑞舍身炸毁暗堡。概括这几个要素就可以得出主要内容：1948年5月25日，在解放隆化中学的战斗中，董存瑞在紧急关头毅然舍身炸毁了前进途中的暗堡。

第二，抓文章题目。文章的题目往往是一篇文章的"文眼"。抓住"文眼"可以总结出文章的主要内容。

比如，有的课题揭示了课文的主要人物，如《詹天佑》《少年闰土》《猎人海力布》；有的课题揭示了主要事件，如《草船借箭》《小蝌蚪找妈妈》《坐井观天》等；有的课题揭示了主要对象，如《北京的春节》《祖父的园子》《桂花雨》等。抓住关键词句，对课题进行扩展，就能概括出这类课文的主要内容。如《纪昌学射》一课的题目已经显示了人物、事件，再加上跟谁学、怎么学、学得怎么样，就把主要内容说清楚了。《飞夺泸定桥》一课，将题目适当展开，就可以概括出文章的主要内容是：1935年5月，北上抗日的红四军抢时间先于敌人援兵赶到泸定桥，英勇战斗，终于夺下了天险泸定桥，渡过大渡河奔赴抗日的最前线。《和时间赛跑》这个题目也是这篇文章的关键词句。引导学生用扩句的方式概括文章的主要内容。将"和时间赛跑"按照"（谁）（为什么）（怎样）和时间赛跑？"进行扩句。学生通过朗读，抓住了"和时间赛跑"的关键词进行拓展，补充出"我因为外祖母的去世懂得了时间飞逝，和时间赛跑，让我感受到时间的珍贵"。《草船借箭》这样以事件为题的文章，读完课文后，请学生把课题四个字扩展成一句话："＿＿＿＿用草船向＿＿＿＿借＿＿＿＿支箭。"在此基础上，请学生补充上借箭的起因及周瑜最后的态度，稍加整理就能概括出主要内容："周瑜妒忌诸葛亮的才干，要他十天内造出十万支箭，诸葛亮利用草船借来了十万支箭。周瑜自叹不如。"

第三，抓重点词句。在每篇文章中，作者为了表达中心意思往往会使用一些关键句，能突出表现文章的内涵。这些关键句，有的揭示了文章的中心，有的抒发了作者的情感，有的概括了文章的内容，有的暗示了文章的思路，我们找到课文的关键词句串联起来就可概括出课文的主要内容。

阅读一篇文章，抓住其中的关键词句，然后设计几个问题将关键的词句进行串联，文章的主要内容就会呈现在我们的眼前了。比如《我的战友邱少云》一课，学生通读全文后，引导学生找到描写邱少云时的一个关键词语

"一动不动",然后根据这个词提问"为什么一动不动?结果怎样?",学生将两个问题合并,就是本文的主要内容,即:本文记叙了抗美援朝时期,在夺取391高地的战斗中,邱少云同志为了整个战斗的胜利,严格遵守纪律,在烈火中一动不动,最后壮烈牺牲,同志们受到精神鼓舞,取得了战斗胜利的故事。

同样的例子还有《穷人》一课,这篇文章没有特别显眼的关键词,而它藏在人物的语言、心理描写中。在学生通读完全文后,按写作顺序"等待丈夫回来—丈夫回来后"在文中去找能体现人物做法和想法的关键句子。为帮助学生找到关键句,可以先提出以下问题:桑娜在等丈夫回来的时候,发生了什么事情?她是怎样做的?又是怎样想的?为什么她会这样想?丈夫回来以后,她又是怎样想的?再将能体现这些问题的句子进行串联、缩减,就是课文的主要内容。

第三,抓中心句。有的文章结构上有总起句、总结句、过渡句,或内容上有中心句。它们在文章开头或者结尾一段,过渡句或过渡段中,往往是课文的关键句,提示了全文的主要内容。摘录这些概括性的语句,稍加改动,就可以成为全文大意。如《富饶的西沙群岛》一课的中心句是"那里风景优美,物产丰富,是个可爱的地方"。这实际就是全文的主要内容,可概括为"本文概括地写了西沙群岛的富饶、美丽,是个可爱的地方"。

老舍先生的《猫》一课,前三个自然段围绕"猫的性格实在有些古怪"这一总起句,分三个方面描写"大猫",最后一个自然段以总起句"满月的小猫们就更好玩了,腿脚还不稳,可是已经学会淘气。"开始,又写了满月的小猫。概括课文大意时,需要把文中两个中心句串联起来:"猫的性格很古怪,而满月的小猫更可爱。"

第四,抓关键事件。对写了几件事的文章,先分清事件的主次,然后根据主要事件来概括它的主要内容。如:

《落花生》一课写了种花生、收花生和尝花生几件事。

从文章看,"种花生"和"收花生"两件事写得比较简单,是次要的;"尝花生"写得详细,是主要的。根据课文主次可以这样概括文章的主要内容:"我们"一家人过花生收获节的情形。

《小英雄雨来》写了"游泳本领高""上夜校念书""掩护交通员""勇斗鬼子""宁死不屈"和"机智逃生"六件事。从文章看,"勇斗鬼子""掩护交通员"写得详细，是主要的；其他的事情则写得简略，是次要的。分清事件主次后可以这样概括本文的主要内容：本文主要写了抗日战争时期，少年雨来沉着勇敢地掩护了交通员李大叔，并同鬼子进行了不屈的斗争，最后凭借自己高超的游泳本领巧妙逃生的故事。

读了《牛郎织女》的完整故事，可以让学生梳理出完整的故事情节。如：身世凄苦—用心照看老牛—哥嫂霸占家业；牛郎与老牛相依为命—得老牛相助—遇见织女；互诉衷肠—男耕女织；幸福生活—王母惩罚其他仙女；天兵天将到人间寻访—织女被抓、牛郎追赶—王母划天河、夫妻两隔—初心不改、七夕相会。

遇到此情况，教师要让学生思考：在这个故事中，哪些情节不能省略？哪些可以省略？进而让学生发现：故事主要讲述的是主人公牛郎、织女的爱情故事，其他次要人物、情节，如哥嫂霸占家业、王母惩罚其他仙女、天兵天将到人间寻访等情节可以忽略。这样，学生把这些主要情节串联起来，主要内容就很容易归纳出来了。

第五，将段意归并。把每段的段意连起来，就是文章的主要内容。先把全文读一遍，对课文有个大致的了解；再一段一段认真地读，读懂每个段落，弄懂每个自然段的段落大意，只要把每个段落大意合理地连接起来，就抓住了课文的主要内容。用这种方法要注意两点：各段大意之间，有的要加上一些过渡词语，以便读起来通顺连贯。另外，还要区分重点段落和非重点段落，做到有详有略，有的甚至可以舍去。

比如《只有一个地球》这篇课文，结合课后习题"默读课文，结合关键句，说说课文写了哪几方面的内容。"的要求，引导学生自主读悟并交流讨论，通过画批关键句的方式读懂每一段的主要意思，把握课文的主要内容。如：第一、二自然段可以通过"地球，这位人类的母亲，这个生命的摇篮，是那样美丽壮观，和蔼可亲"和"同茫茫宇宙相比，地球是渺小的"来理解地球是美丽又渺小的。这样，引导学生通过交流，抓住每一段的关键句对课文层次进行梳理，了解课文写了"地球美丽但渺小""地球的自然资源有限""目前人类还无法移居""我们要精心保护地球"这几个部分的内容。串联起来就是本课的主要内容：本文从宇航员在太空遥望地球所看到的景象写起，引出了对地球的介绍；接着，从地球在宇宙中的渺小、人类活动范围很小、地球所拥有的自然资源有限而又被不加节制地开采或随意毁坏等方面，说明地球面临着资源枯竭的威胁；然后，用科学家研究的成果证明，当地球资源枯竭时，没有第二个星球可供人类居住；最后，得出结论：人类的选择只有一个，那就是精心保护地球，保护地球的生态环境。再简单归纳就是：作者从人类生存的角度介绍了地球的有关知识，告诉我们"只有一个地球"的道理。

第六，抓人物关系。只要学生熟读课文，厘清人物之间的关系就能概括出文章的主要内容。学习《普罗米修斯》一课，我先让学生找课文中主要讲了几个人物，学生很快找出：普罗米修斯、太阳神阿波罗、宙斯、火神、大力神赫拉克勒斯。当学生把这些人物找出来时，我就让学生用自己的话说说这些人物之间发生了哪些故事。比如：普罗米修斯做了一件什么事？宙斯有什么反应？大力神又是怎么做的？通过老师的提示，学生很容易地就了解了课文的大概内容：普罗米修斯在太阳神那里盗取了火种，宙斯很生气，让火神惩罚普罗米修斯，后来大力神救走了普罗米修斯。最后我来帮助学生总结出学习这篇课文的方法：原来利用人物之间的关系也可以概括课文的主要内容。

在引导学生概括课文主要内容时，也有一些方法供大家参考。

第一，我们经常利用填空补充主要内容。

教师以填空的形式，把课文的主要意思写成一段话，中间的重要部分留白，以括号或横线代替，让学生填上相关内容，补充完整。如《棉花姑娘》一课，出示："棉花姑娘因为长满蚜虫生病了，她先请＿＿＿＿＿＿＿来给她治病，接着请＿＿＿＿＿＿＿来给她治病，然后请＿＿＿＿＿＿＿来给她治病，最后，＿＿＿＿＿＿＿治好了棉花姑娘的病。"学生在读课文的过程中，填上相应的"医生"就可以了。《雾在哪里》一课，借助"雾"把＿＿＿＿＿＿＿、＿＿＿＿＿＿＿、＿＿＿＿＿＿＿、＿＿＿＿＿＿＿藏起来了"的句式说话，在这个过程中，就了解了课文的内容，厘清了文章的脉络。《草船借箭》这样以事件为题的文章，读完课文后，请学生把课题四个字扩展成一句话："＿＿＿＿＿＿＿用草船向＿＿＿＿＿＿＿借＿＿＿＿＿＿＿支箭。"在此基础上，请学生补充上借箭的起因及周瑜最后的态度，稍加整理就能概括出主要内容："周瑜妒忌诸葛亮的才干，要他三天内造出十万支箭，诸葛亮利用草船借来了十万支箭。周瑜自叹不如。"

第二，运用词语连缀的方法。出示课文中的词语，请学生选择其中的重要词语，词串句、句串段、段串篇，从而构建文章的主要内容。比如，《我不是最弱小的》这篇课文的生字有"亚、旷、滴、掀、娇、纤"以及二类字"薇",于是,文中由生字组成了词语"托利亚、旷地、几滴雨点、娇嫩纤弱、蔷薇花"。引导学生用上这些词语,连成一段话来概括课文主要内容。

有些课文中四字词语较多,且每个词语都有丰富的内涵。读着这些词语,就仿佛看到了一幕幕场景。我们可以利用这些词语,引导学生概括主要内容。如《将相和》一课,分别由"完璧归赵""渑池之会""负荆请罪"三个小故事组成,适当加上一些内容,将这三个词语串联起来,并借助其他四字词语,将主要内容概括为:赵国蔺相如通过"完璧归赵""渑池之会"立下汗马功劳,被赵王封为丞相。老将廉颇对此不服,屡次故意挑衅。蔺相如以国家大事为重,始终忍让,后来廉颇终于醒悟,向蔺相如负荆请罪,将相和好,共同辅国,国家无恙。

第三,整理要点的方法。引导学生记录课文的主要信息,然后据此进行归纳。如《卖火柴的小女孩》一课中的六要素:事件是大年夜;地点是街头;人物是小女孩;起因是小女孩在大街上卖火柴;经过是小女孩蜷缩在墙角里擦火柴取暖;结果是小女孩捏着烧过了的火柴梗冻死了。利用这六要素概括出的主要内容,就是一个小女孩在大年夜冻死街头的悲惨故事。

利用概括主要内容这个训练点来培养学生的语用能力,可以让学生以多种形式表示自己对文章内容的理解,有的可以用词语概括,比如《白鹅》一文写了白鹅的叫声、步态、吃相;有的可以用短语概括,比如《观潮》就可以用"潮来前""潮来时""潮来后"表示文中的顺序;有的可以发问,比如《太阳》,太阳是怎样的?和人类的关系是什么……

教师只有不断引导学生学习用通畅、简洁、完整的语言将主要意思归纳出来,才能将学生概括能力的培养落到实处。

2.复述与转述

复述是训练学生语言表达与运用的重要方式之一。学生将学过的课文经过加工处理,用自己的语言,以口头形式进行表达就是复述。简单说就是把别人的语言变为自己的语言。它不是单纯地背诵课文,不是概括课文大意,也不是对已知材料简单、机械地重复,而是经过自己大脑言语中的"加工",把课文内容重新表达出来。这样的"复述",是让短时记忆变成长时记忆的一把钥匙。复述时如果加入了主观的理解,并将新的信息与以往信息相联系,这样的精细复述更有利于提高学生记忆的持久性。因此,复述应是促进学生书面语言长时记忆的途径，也是扩大学生语言内存的有效手段。

统编版教材十分重视学生复述能力的培养，在各学段阶梯式安排学生复述的任务。从二年级开始便编排了复述的内容，具体要求为"借助提示讲故事"以"图画、表格"等为支架，帮助学生讲课文。三年级安排了"详细复述"，形式稍有变化。比如第八单元的《慢性子裁缝和急性子顾客》课后思考题："填写下面的表格，再借助表格复述故事。"《漏》这一课的课后题则为："借助示意图和文字提示复述故事。"四年级学习"简要复述"。五年级学习"创造性复述"。其实早在二年级上册《古诗二首》一课中的课后习题"读诗句、想画面，再用自己的话说一说"就属于"创造性复述"的练习了。而在五年级，"创造性复述"这个要求出现在"神话故事"单元，这时的要求是创造性地复述故事。

复述的基本流程为：一是理解，把握重点信息。要想复述好，必须快速记住课文里的一些重要信息，文章结构层次和它的具体内容，边读边记。二是选择，对课文内容进行综合、概括，认真选词、适当取舍，以此为记忆支点，复述就有了坚实的基点。三是练习，围绕记忆支点、思考信息点之间的联系，哪些内容可以省略，哪些内容可以讲详细些，并尝试连起来说一说，形成口头话语。四是评析，让优秀者介绍复述的方法，对欠缺者现场补充纠正，以促进学生的语言表达能力。

在学生复述的过程中，有时经常要进行语言的转述。语言转述就是变直接叙述为间接叙述，把别人说的话转达出去。比如"把"字、"被"字句互相转换、反问句与陈述句互相转换、双重否定句与肯定句互相转换、直接引语与间接引语互相转换等都是传统的转述训练项目。

语用视野下的"复述"与语言"转述"如何实施呢？我们以《猎人海力布》一课为例，简要阐述。

首先，练习详细复述故事，熟悉故事情节。

师：同学们回忆一下，我们之前学习过哪些复述课文的方法？

生：可借助表格、示意图等梳理故事内容。

生：按课文的顺序复述。

生：不遗漏重要情节。

（师出示梳理好的两个故事：海力布救小白蛇得到宝石、海力布救乡亲们变成石头）

师：好，请大家讨论一下，这两个故事里，哪些关键信息不能遗漏？

经过讨论，学生交流，老师在黑板上随机板书：

猎人海力布热心助人—救白蛇得到宝石—使用宝石的禁忌—海力布听到灾难将至的消息—劝乡亲搬家—救乡亲变成石头（给学生讲述做简要提示）

师：我们在复述时，遇到人物的对话，还可以从直接引语转化为间接引语。怎样转述人物对话呢？请大家在此讨论。

生：我觉得首先要确定在哪些地方需要转换人称。

生：我觉得转述还需要改变人称。比如，把第一人称改为第三人称。

师：好，那就请同学们试着复述一下"海力布救小白蛇得到宝石"的故事。

经过师生讨论，明确转述不是简单的改变人称，更应整合对话内容，提取核心信息。对话的内容在转述后就可以做如下改动。

原文	转述
"敬爱的猎人，您是我的救命恩人，我要报答您。我是龙王的女儿，您跟我回去，我爸爸一定会好好酬谢您。我爸爸的宝库里有许多珍宝，您要什么都可以。如果您都不喜欢，可以要我爸爸含在嘴里的那颗宝石。只要嘴里含着那颗宝石，就能听懂各种动物说的话。"…… "真的。但是动物说什么话，您只能自己知道。如果对别人说了，您就会变成一块石头。"	小白蛇说，她是龙王的女儿，她爸爸一定会好好酬谢海力布。海力布要什么珍宝都可以。如果不喜欢珍宝，可以要龙王含在嘴里的那颗宝石。只要嘴里含着那颗宝石，就能听懂各种动物说的话。但是动物说什么话，只能自己知道。如果对别人说了，就会变成一块石头。

其次，变换角色，尝试创造性复述课文。为了丰富学生讲故事的经验，学习创造性复述。结合课后第二题，让学生变换角色，以海力布或乡亲们的口吻来讲故事。

可以先引导学生理清海力布劝说乡亲的两个过程——从"劝搬家"到"说实情"。再指导学生转换角色，分别站在海力布和乡亲们的角度展开想象，体会着面对即将侵袭的洪水，海力布和乡亲们之间的矛盾冲突。教师可以抓住海力布"劝搬家"时的三个词语进行引导：

师：海力布"劝乡亲们搬家"这个故事中，海力布当时的心情是怎样的？

生：我找到了三个词语"急忙、焦急、急得掉下眼泪"，感受到海力布很着急。

师：如果你就是海力布，作为知情人，你打算怎样劝说不知情的乡亲们？

生：乡亲们呀！求求你们！快搬走吧！

生：乡亲们，快搬走吧！再不走就来不及了！

生：乡亲们，不要为难我，难道非要我说出实情你们才肯相信吗？

师：看到乡亲们不愿离开，你的想法、语言还可能会有什么具体变化？

生：乡亲们，我拿我的性命担保，我说的都是真的！你们快搬走吧！

生：乡亲们，咱们这么多年，一直生活在一起，我什么时候骗过你们啊？快听我的话吧！

师：最后你是怎么决定说出实情的？

生：乡亲们哪，你们怎么就是不听我的话呢！看来，我只有说出实情你们才肯相信啊！

生：说出实情，我一个人变成石头；可不说实情，乡亲们都活不了啊！不行，牺牲我一个，换来乡亲们的生，这样做值得！……

就这样，通过问题引导，帮助学生打开思路。

再比如，以乡亲们的口吻讲述时，可以引导学生思考：

师：忽然听到要搬家，要离开世世代代居住的地方，乡亲们会怎么想？

生：我们在这里生活了这么多年，一直很好，为什么要搬家呀？

生：海力布，你凭什么说会发洪水？

生：海力布，我们要搬家也不是一件简单的事啊！拖家带口，搬着东西，带着老人、孩子，还有这些牲畜，搬家谈何容易啊！

……

师：听到海力布说出实情，忽然看到海力布变成石头，乡亲们又会有怎样的表现？

生：海力布，我们对不起你啊！我们应该听你的话啊！

生：海力布，是我们害了你啊！

生：海力布，真是我们的大英雄啊！没有你，我们这些人就都得死啊！

……

就这样，以乡亲们的口吻讲故事，丰富学生的体验，让学生充分交流、讨论、展示，体会创造性地讲民间故事的乐趣。

最后，拓展延伸，练习讲好故事。在讲述重要情节的基础上，还可以组织学生完整地讲故事。讲述前，师生可以展开讨论，怎样把故事讲好。如：

要讲好开头，可以像文本一样娓娓道来，慢慢把听众带到故事中去，也可以先讲结局，设置悬念，引起读者期待。

要讲好具有画面感的镜头，可以配上相应的动作和表情。如：白蛇遇难，海力布射箭搭救，抓住"抬头一看、搭弓射箭、对准一射"这些画面，用肢体动作辅助表现人物。

要讲好人物之间的对话，可以设身处地地想象当时的情境，适当丰富故事的细节，再现人物说话的样子。如：讲述被救者小白蛇时，想象她死里逃生，非常激动的样子，所以话语较多，语速略快；讲述施救者海力布时，他施恩不图报，内心平静，所以话语不多，语调平缓。

所有的指导，都要围绕"谁的故事讲得生动、吸引人"这个评价标准。

3.形态转变与文体转化

形态转变，指的是在保持文本内容的基础上，文章结构、叙述人称、人物角色、叙述角度、表现手法上的改变，形成与原文不同的文本形态。这种训练形式可以有效地提高学生提炼主题、围绕中心选择材料、谋篇布局和按照一定的逻辑顺序组织语言的能力，还能从中感悟到各种写作技法运用的妙处，熟练掌握不同类型文章的写作技巧。

比如学习《掌声》这一课，课后要求："能从第二至四自然段中任选一段转换人称进行复述。如果英子介绍自己的那段经历，会怎样介绍？"先请同学仔细看插图，边看边思考：插图表现的是哪部分内容？插图前后的内容又是什么？带着问题默读课文，然后自己进行说话训练，关注表达，学习运用语言；最后进行角色换位，借助插图，完整讲述故事。例如：如果是英子自己来讲这个故事，她会用第一人称的口吻来讲自己的故事。如第二自然段："一天，老师让同学轮流上讲台讲故事。轮到我的时候，全班同学的目光一齐投向了角落里的我，我立刻把头低了下去。老师是刚调来的，还不知道我的情况……"

又比如学习《书戴嵩画牛》一课，课后也有"讲讲这个故事"的要求，一般情况下，我们都会让学生了解这个故事的内容，接下来试着练习讲讲这个故事。讲故事的时候注意使用什么样的语速、语气、动作等，还要加入想象，比如：戴嵩斗牛图的高超艺术；杜处士喜爱的情景；牧童怎么看图、怎么笑，杜处士怎么说的；苏轼怎么想的，等等，让故事的内容更丰富，更具体生动。其实讲故事也需要创设适当的情境，让学生化身为故事中的人物，会讲得更加入情入境。如以杜处士的口吻讲故事："我姓杜，人称杜处士，我读了不少书，可就是不愿意做官……"；以放牛娃的口吻讲故事："今天天气真好，放牛去喽！还没出村子，我看见……"；以作者苏轼的口吻讲故事："我是苏轼，听说四川有个杜处士，酷爱书画……"。

《鹬蚌相争》这个故事的背景是：当赵国将要攻打燕国时，著名说客苏代为了燕国的利益，挺身而出，去劝谏赵惠王，苏代用"鹬蚌相争，渔翁得利"的故事，委婉地道出赵国攻打燕国可能给燕赵两国带来的巨大灾难，希望赵惠王审时度势，综观战国风云，权衡利弊得失，三思而行。面对雄心勃勃意欲伐燕的赵惠王，苏代不是直陈赵国攻打燕国的是非对错，而是巧用寓言故事来说理，展示了他过人的胆识、高超的语言艺术。学习这篇课文时，我们就可以模拟苏代觐见赵王时的情景，让学生以苏代的口吻给赵王讲这个故事。"臣觐见赵王，听说大王要攻打燕国。臣有话想与大王说。""爱卿请讲。""谢大王！臣想给大王讲个'鹬蚌相争，渔翁得利'的故事……"

不同的文体有不同的表现形式。文体转化的过程是一种新的构思过程，全新剪裁、全新布局，是融理解、想象、表达、创造于一体的训练手法。

比如《将相和》一课，可以在学生熟读课文的基础上，指导学生将课文改编成剧本，按照此格式将课文进行改编。比如：

第二幕：完璧归赵

时间：战国时期某天

地点：秦王宫

人物：蔺相如、秦王、秦国大臣两人、侍女两人

布景：舞台正中是秦王的宝座，左侧是两大臣的座位，右侧是为客人设的座，座前的茶几上摆着待客的瓜果等。

[幕启，秦王坐在宫殿上，正在仔细看蔺相如带来的和氏璧，赞叹不已，绝口不提十五座城的事。]

蔺相如：（上前一步，对着秦王深施一礼）启禀秦王，这块玉有点儿小

毛病，让我指给您看。

（秦王一愣，连忙把和氏璧交给蔺相如）

蔺相如：（双手捧璧，往后退了几步，靠着柱子站定，理直气壮地）我看您并不想交付十五座城。现在璧在我手里，您要是强逼我，我的脑袋和璧就一块撞碎在柱子上。（说完举起璧就要向柱子上撞）

秦王：（大惊失色，惊慌地）请蔺使者不要冲动，一切都好商量。（面向大臣，高声地）来人呀！拿地图来，把划归赵国的十五座城给蔺使者看。

蔺相如：（双手捧璧，严肃地）和氏璧乃无价之宝，岂能随随便便交换，得举行一个隆重的典礼才行。

秦王：（犹豫了一下）你说得很有道理，三天后是个黄道吉日，我们就在那天举行典礼，交换和氏璧。

蔺相如：一言为定。（施礼，退下）

（三天后，蔺相如随秦国大臣上场）

秦王：（正襟危坐，假惺惺地）蔺相如，本王已经沐浴更衣，典礼也已经准备就绪，现在该交换和氏璧了。

蔺相如：（对秦王深施一礼，大大方方地）和氏璧已经送回赵国去了。如果您有诚意的话，先把十五座城交给我国，我国马上派人送璧来，决不失言。不然，您杀了我也没用，天下的人都知道秦国是从来不讲信用的！

秦王：（无可奈何地）既然和氏璧已经送回赵国了，就请蔺使者回去吧！

（蔺相如施礼退下）

［幕落］

4.梗概与缩写

统编版教材六年级上册教材安排了学写故事梗概的内容。写故事梗概，就是概括文章的主要内容。当你读过一本书或一篇文章时，能用简练的语言把它的主要内容说出来，也是写读书笔记的一种形式。学写梗概，能帮助学生记住文章的主要内容，培养学生的分析概括能力。

使学生掌握写梗概的要领，提高学生的概括能力，需要这样来操作：

①认真阅读，把握原文的内容。

②理清作者的表达思路，知道每一部分写了什么，确定重点内容。

③指导学生概括每一部分的主要内容，重点可从方法上引导。比如说可

把对人物语言的描写概括成叙述性的话；可将动作描写进行筛选后，概括成简明的叙述性语言，让学生在老师的引导下，学会分析、归纳与概括，为写原文的"梗概"做好准备工作。

④引导学生把各部分主要内容连成一段通顺、连贯的话。

除此以外，还可引导学生采用中心提问法来写文章的"梗概"。具体做法如下：先就文章的内容提出问题，再用简练的语言回答这些问题，接着把上面回答问题的各部分内容连成一段通顺、连贯的话。总之，写文章的梗概要尊重原文，不能改变原文的意思。

《义务教育语文课程标准（2011年版）》中对于写作的要求是："能从文章中提取主要信息，进行缩写。"可见，缩写是高年级学生必须掌握的一种技能。

缩写是由较长的语词缩短省略而成的语词，或将内容较多、篇幅较长的文章按一定的要求写成较短的文章。教学时，可通过阅读影视作品介绍、旅游景点简介、整本书的内容概要等，引导学生了解缩写的意义。让学生明白，如果想介绍给别人的内容比较长，就需要缩写。缩写的基本方法，一要摘录、删减，在保持原意不变的前提下，分析删、留的内容；二是概括、改写，将长句缩为短句、几句合并为一句，描写改为概述，使表达更简洁。

我们以民间故事《海力布》为例，具体说说如何通过缩写故事，培养学生的语言文字运用能力。这里我们使用的策略是：明确故事要点，练习缩写。

首先，可先创设情境，如面对充满好奇的游客，让学生明白给"海力布"这块石头写介绍，既需要精练语言，又要交代清楚故事的来龙去脉，让游客在驻足游览时，能迅速了解"海力布"石头的来历。

其次，可以引导学生回顾故事的主要情节，采用小组讨论的方式，确定要说清楚哪些要点。

开头要交代清楚海力布是一位"猎人"，他"热心帮助别人"，为下文他希望得到能使人听懂动物语言的宝石提供了合理的解释。

要围绕主人公海力布，讲清两个主要情节：救白蛇得到宝石；听到消息力劝百姓，说出实情变成石头。

还要交代清楚宝石的秘密，它是推动故事发展的关键线索。至少把握两点：一是宝石在使用上有特别的秘密——要含在嘴里才有效，能听懂各种动物说的话，动物说什么话不可告诉别人，否则自己会变成石头。这些秘密都呈现在第一个故事"海力布救小白蛇"中。二是宝石的秘密为后续故事设置了悬念，埋下了伏笔——海力布因为有宝石，才听到了山洪的消息，而他为救乡亲们只好说出消息，打破了使用宝石的禁忌，变成了石头。所以，缩写故事时抓住关键线索"宝石"，也就抓住了故事的主要脉络。

可让学生试着缩写一小段，组织学生与原文进行对照阅读，在尊重原作、不改变原意的情况下，体会"摘录""删减""概括""改写"该如何操作。如：比较原文的第一、二自然段和缩写后的文字：

原文	改后
在我国的一些地区，流传着一个动人的民间故事。 　　从前有一个猎人，名叫海力布。他热心帮助别人，每次打猎回来，总是把猎物分给大家，自己只留下很少的一份。大家都非常尊敬他。	从前有一个猎人，名叫海力布。他热心帮助别人，大家都非常尊敬他。

比较后，学生发现：缩写后的文字摘录了有关海力布的职业、姓名、性格等主要信息。而对故事流传地域、海力布如何热心助人的具体实例进行了删减。进而明确：缩写故事时，主人公的基本情况等重要信息不可遗漏，可以通过摘录重点词的方法直接提取，不必具体陈述。

再如，比较第三自然段原文和缩写后的文字：

原文	改后
有一天，海力布到深山去打猎，忽然听见天上有呼救声。他抬头一看，一只老鹰抓着一条小白蛇正从他头上方飞过。他急忙搭箭开弓，对准老鹰射去。老鹰受了伤，丢下小白蛇逃了。	有一天，海力布打猎时看见一只老鹰抓住一条小白蛇，他急忙救下了小白蛇。

引导学生体会，缩写后的文字概括了海力布救小白蛇的事件，对于怎样救的细致描写，只用"救下"二字一笔带过。进而明确，可遵循保留主干、删除枝叶的原则，关键情节适当概括，过程不必详细展开。

又如，比较第四自然段原文和缩写后的文字：

原文	转述
海力布对小白蛇说："可怜的小东西，快回家去吧！"小白蛇说："敬爱的猎人，您是我的救命恩人，我要报答您。我是龙王的女儿，您跟我回去，我爸爸一定会好好酬谢您。我爸爸的宝库里有许多珍宝，您要什么都可以。如果您都不喜欢，可以要我爸爸含在嘴里的那颗宝石。只要嘴里含着那颗宝石，就能听懂各种动物说的话。"海力布想，珍宝我倒不在乎，能听懂动物的话，对一个猎人来说，实在是太好了。他问小白蛇："真有这样一颗宝石吗？"小白蛇说："真的。但是动物说什么话，您只能自己知道。如果对别人说了，您就会变成一块石头。"	小白蛇告诉海力布，她是龙王的女儿。为了感谢海力布的救命之恩，小白蛇说她家有许多珍宝可以送给海力布。小白蛇还告诉他，龙王嘴里含着一颗宝石，谁含着那颗宝石，就能听懂各种动物说的话。不过动物说的话，他只能自己知道。如果对别人说了，他就会变成一块石头。

引导学生体会，原文通过大段的人物对话来讲述故事，缩写后进行了摘录和删减，对话改写成了叙述性语言。在此基础上，可以和学生讨论：缩写为何把"宝石的秘密"交代得如此清楚？进而明确：因为宝石是推动故事发展的重要线索，所以缩写时，要保留主要情节，确保故事完整、情节连贯。

通过以上细致对照，教师可提示学生缩写一篇文章的具体做法：第一，要整体把握原文内容，理清思路和结构；第二，围绕中心把握主要事件和材料，删去文中的次要人物、次要内容；第三，缩写语言，把具体的叙述、描写及对话进行概括，改成简洁的语句；第四，要看衔接是否自然，首尾是否贯通。

第四章　培养学生语用能力的策略

语文课程是一门学习语言文字运用的综合性、实践性课程。语文课程应致力于培养学生的语言文字运用能力。那么，在语文教学中培养学生的语言文字运用能力有哪些策略呢？

一、聚焦文本，关注文本语言表现形式

语文教材中的每篇课文都是精选出来的最好的写作例文，布局谋篇、结构段式、遣词造句，都为学生提供了最精彩、最准确的语言和写作方法的范本。教师要依据年段目标、文本特点以及学生的需求，结合生活实际进行课内练笔，抓住有特色的语言，模仿句式、结构、写作方法等，关注文本中的语言表现形式，从多个角度出发。如关注文本整体编排结构、理解文本特有的写作手法、抓文本的细节处感悟语言等。从而激发学生表达的愿望，掌握叙述的方法，品尝习作的乐趣。

比如第一学段的学习重点是词句。句子是由词语组成的。我们要根据词语的特点，关注词语的运用与锤炼。比如二年级《我是什么》一课中的句子：

我在天空飘浮着，碰到冷风，就变成水珠落下来。人们管我叫"雨"。有时候我变成小硬球打下来，人们就管我叫"雹子"。到了冬天，我变成小花朵飘下来，人们又管我叫"雪"。

这段话中的"落""打""飘"三个动词用得非常准确。教学时，可先请学生读读这几句话，再改变句式说一说。

雨像珠子一样（　　　）下来。

雹子像小硬球一样（　　　）下来。

雪像小花朵一样（　　　）下来。

接着换词比较："雨像珠子一样飘下来。雪像小花朵一样打下来。雹子像小硬球一样落下来。"这样对比一读,学生就会发现,雹子像小硬球一样打下来是重重的、速度快,而雪像小花朵一样飘下来是轻轻的、速度比较慢。这样再读课文,学生就能在朗读中表达出词语的情味。

了解句子的内部结构,一方面有助于理解句意,提高学生的阅读理解能力;另一方面有助于训练学生的逻辑思维。例如:一年级下册《要下雨了》中燕子的语言:"要下雨了,空气很潮湿,虫子的翅膀上沾了许多小水珠,飞不高,我正忙着捉虫子呢!"这几句包含着复杂的多重因果关系,环环相扣。为此,教学时可将整个长句子拆分成一个个独立的短句子,采用"句子接龙"的方式来引读:

因为要下雨了,所以空气很潮湿;

因为空气很潮湿,所以虫子的翅膀上沾了许多小水珠;

因为虫子的翅膀上沾了许多小水珠,所以飞不高;

因为虫子飞不高,所以燕子飞得很低,忙着捉虫子。

第一学段的文本中还有很多比喻、拟人的句子,形象生动,值得引导学生品味、积累。《秋天的图画》一文中:"梨树挂起金黄的灯笼,苹果露出红红的脸颊,稻海翻起金色的波浪,高粱举起燃烧的火把。"这些语句生动地描绘了秋天的美景。教学时,可让学生读读句子,圈出写景物的词语。接着出示短语"金黄的灯笼、红红的脸颊、金色的波浪、燃烧的火把",让学生在朗读中读出画面感。然后,将一开始圈出的景物名称和这些短语连一连,并说说为什么这样连,以此引导学生联系生活,与头脑中的认知图式相关联。最后再读文本,看看课文是怎么把它们连接起来的,从而品味修辞的生动形象。

对于特殊的句式,可引导学生理解句意,品味秘妙,进而适度品味表达上的效果。比如《泉水》一课,第二至五自然段句式相同,词语形式相同,通过引读、接读、分小组读等形式,能使学生感受到句式和词语的规律。尤其是"来吧,来吧!我的水很甜很甜,喝饱了,你们能结出更大更甜的果子!"这一类句子,连用两个"来吧",而且作为泉水的开口句,更形象地表现了泉水的热情。采用"减一减"的方法去掉一个"来吧",采用"变一变"的方法将原句换为"我的水很甜很甜,来吧,来吧!"再与原句进行比较,会发现它们的意思大致相同,但语气、情感上相去甚远。在此基础上迁移拓展，写一写"泉水还会流过哪些地方，还会说些什么呢？"可使文本秘妙及时内化。

又如，三年级《小露珠》一课要求学生阅读两个例句，"小露珠爬呀，滚呀，越来越大，越来越亮。""太阳公公散发的热量越来越大，小露珠的身子越来越轻了。"并用上"越来越……"写话。一位老师在教学时发现每个例句中连用的两个"越来越……"是有内在规律的："黎明的时候，小露珠越来越大，越来越亮。"两个"越来越……"是从形状和光泽两个不同的方面说明小露珠的变化："太阳公公散发的热量越来越大，小露珠的身子越来越轻。"两个"越来越……"表明太阳公公变化了，小露珠也跟着变化了，两者的变化有因果联系。如此推敲后，老师带领学生反复朗读这两句话，然后让学生默读思考这两句话写的是几个事物、发生了什么变化等，从而准确定位学生用词造句应达到的要求：观察生活中一个事物的哪几个方面发生了变化？哪些变化了的事物之间是有因果联系的？当学生对这两句话理解得越来越好时，他们的理解和情感又寄托在朗读中，随着朗读得越来越充沛而表现出来。

对诗歌《四季的脚步》的教学解读中，分析了四节诗歌的结构基本相同，属于并列关系。于是将感受诗歌的语言节奏和表现手法作为教学重点。又比如《参观人民大会堂》一课，要求学生"默读课文，填写表格，再说说课文是按照什么顺序写的"。在这里，对"参观的地点和主要写了什么"的梳理就是运用语言文字的训练点，可以帮助学生有效提取、梳理、概括文本信息，理清思路脉络，并掌握相应的阅读策略。

在执教说明文《恐龙》时，一位老师根据课文中对不同类型恐龙外形的介绍，出示了不同的图片，让学生在细致观察下对图片进行辨认。学生的辨认过程就是学生阅读文本、理解文本、吸收信息的过程。在整个过程中，学生潜心阅读，借助文字进行辨认，学生经历了自身观察、文字探寻、理解辨析的语言论证过程，对文本语言形成了有效的悦纳与吸收，深切地体悟到了说明性文体的基本特点。然后，教师趁热打铁出示了其他类型恐龙的图片，引导学生以说明文特有的方式进行随文练笔。

在阅读教学中，真正让学生懂得了作者是怎样写的以及为什么这样写，让学生能够很好地将把握学习方法与语用训练有效结合，这将有助于学生语用能力的提升。

二、聚焦朗读，破译语言表达密码

在教学中，"读"是学生与文本沟通的首要环节，也是培养学生口语表达能力的首要环节。学生在学习每一篇课文时都要先读文，读文中去识字，读文中去理解词、句、篇的含义；读文中去积累规范的语言表达方式。因此，读文的质量直接影响学生的"说"和"写"，即直接影响学生的表达。可以说，"读"是培养学生表达能力的基石。

1.在吟咏咀嚼中再现画面

阅读活动十分强调"寻言以明象"，嘴巴读出来，就要迅速地在脑海里浮现出生动可感的画面来。在读书时，让学生联系过去相似的经验，通过想象与联想，将课文中的文字符号转化为生动、可感的画面。正所谓"书读百遍，其义自见"。在教学过程中，教师要有计划地放手让学生多读、自悟，在头脑中再现语言文字表述的图像、情景，从而达到对课文直觉感悟的目的。在作者的语言引导下，想象画面可以随之进入或久远或当下、或现实或虚幻的世界里，触摸人物的情感脉搏，聆听到作者藏匿于文字之下的心灵声音。可以这么说，语感很大程度上就是指这种对语言画面情景的再造之力。教师引导学生由文字想象画面，可以让学生透过语言文字的描述，更加亲近人物，体会个性，更有助于有感情地朗读。

当学生的脑海里有了鲜活、生动的画面时，朗读在不经意间也变得"栩栩如生"了。在阅读过程中，引导学生"读书如见"，去想象、感受文本背后的画面，学生感同身受，唤醒了沉睡的情感，自然能入情入景地朗读，在读的过程中实实在在地感受到作者隐藏于字里行间的令人回味的感情。

当然，"读"要想真正起到为口语表达奠基的作用，必须要经过教师循序渐进的培养与辅导，要指导学生把文中蕴含的教学资源内化成自己的知识、情感和能力。在这个过程中，最关键的就是要给学生确立恰当的目标和具体的指导。这个目标不是读正确、读流利、读出感情，而是要具体地指导学生怎样去做才能读正确、读流利、读出感情，也就是让学生明确要读正确，需要认识哪些生字；要读流利需要怎样处理词、句的停顿；要读出感情需要弄懂哪些词、句的含义、作用，以及上下文之间的联系。

我们提倡"多读"，并非放任自流地读。教师可以在朗读技巧上做必要的示范指导，无论放录音还是教师范读，都要根据课文的特点来确定示范的时机，教会学生处理重音、停顿，恰当运用语气、节奏、音色等，对一些比较难读懂的文章或古诗，可以一开始就以示范引路，这样可以降低难度，放缓坡度。一般来说，当学生无法达到朗读要求或者是学生的朗读出现偏差时，教师可以范读，如："你们听听老师读，想想为什么要这样读。""听老师用不同的方法朗读课文，几种读法中，你们最喜欢哪几种？为什么？"……这样的提问必然引起学生的注意，引起他们的思考，从而加深对课文的理解，又能在教师的范读中学到具体可感的朗读知识和技巧。

特级教师薛法根老师在执教低年级《我选我》这篇课文时，就采用了给学生范读课文的方法。

师：李小青是我们班的劳动委员。前几天，他转（zhuàn）到别的学校上学了。

生：应该读"zhuǎn"。

师：为什么一定要读"zhuǎn"呢？

生：转（zhuǎn）的意思是从一个地方到另一个地方了。

师：对了，从一所学校换到另一所学校，这叫"转学"，不是（zhuàn），转来转去那就转错方向了。好，我重新读。（再接着往下读）"今天开班会，林老师让大家选一名劳动委员。"

生：老师，您忘了读"补选"的"补"。

师：反正就是选出一名劳动委员嘛，意思差不多啊！

生：如果您没有添上"补"这个字的话，就没有"补"上一个劳动委员了。因为前面少了一个劳动委员，所以有漏洞要补上去呗。

师：劳动委员不是漏洞，叫缺额。缺了一个劳动委员，所以要"补上"。

生：因为李小青转到别的学校去了，他是劳动委员。他走了之后，没人当劳动委员了，所以要重新再选一位劳动委员。

师：看来，有没有"补"字，意思千差万别呀！读书一定要仔细。（老师重新又读，再接读）"选谁呢？教室里静悄悄的，大家都在想。突然，王宁站起来说：'我选我。'"大家都愣住了。林老师亲切地说：'王宁，说说吧，你为什么选自己？'"(生迫不及待地举起手来)

生："亲切地说"应该是"笑眯眯地说"，您这是"很凶地说"。

生：书上写的"亲切地说"，但是您这叫"恶狠狠地说"。

师："亲切"和"恶狠狠"的语气不一样，语态也不一样。

生："亲切"应该是像花儿一样笑眯眯的，而"恶狠狠"就像老虎一样的。

师：小朋友看到这些词语的时候，脑海里都有形象了，真好！

生：您应该笑眯眯地读。

师：哦，那好的，请你示范一下行吗？

生：（笑眯眯的、和蔼的）王宁，说说吧，你为什么选自己？

师：不但亲切还很可爱。

朗读教学最简单的方式莫过于教师的范读、领读，而范读有"正读"和"误读"之分，薛老师选择了后者，即教师"故意出错"，以此让学生从中发现应该关注的朗读要处。读错多音字、漏读关键字、误读提示语，三个"故意出错"，既让学生因发现教师之错而兴奋不已，又让学生自然领悟要求和要领，尤其是对于"提示语"的关注，通过想象说话者的神态、揣摩说话者的语言、语调，进而读出那一种独有的情调。而战胜老师、比老师读的好，就成为学生练习朗读的直接动力。

语文课文中所要表达的情感都是不同的，如《火烧云》一课，作者运用诗一般的语言，充满了对大自然无限向往与热爱的情感，朗读的时候应该带着轻松、喜爱的心情，语调应轻快、活泼，读出与大自然的亲密无间；而《为中华之崛起而读书》一文则通过写周恩来立志的事，表达出对祖国热爱的情感，朗读的时候应饱含深情、语速适中、语调铿锵有力。教学《牛郎织女》之类的课文，则要用讲故事的语调朗读，等等。

教学《木兰从军》一课，教师引导学生学习"披战袍……过燕山"一句时，先让学生思考木兰在干什么，明晰语言表面所表达的意思；接着，让学生穿透言语表层的藩篱，想象自己所看到的画面。有了画面感，当学生再次诵读时，鲜明的节奏、铿锵的语气便与文本表达的情韵相吻合，学生对课文语言形式的表达效果也有了深刻体悟。

《鸟的天堂》这篇课文中有个句子"这是一棵大树"，怎样才算正确地读？重音应该放在哪里呢？有的学生会说重音应该放在"这是"上，还有的学生看到"大"字就说，重音应该放在"大"字上。很明显，学生对课文上下文的理解并不到位。所以教师在这里就应该引导学生阅读上下文并理解其中的句子。经过对比，明白了这句话的背景，学生会恍然大悟，重音应该放在"一棵"上。在这里，"许多棵""两棵"都是错误的。同学们对课文的朗读到位了，对这棵榕树之大的体会也就更深了。

教学《富饶的西沙群岛》一课，教师一边展示西沙群岛的秀丽自然风景，一边自己动情地范读，为学生解说画中的风光。待学生的心思都被吸引到西沙群岛的优美环境中时，再对学生说："此时，我们已经穿着潜水服，来到了海底，我们在海底都看到了什么呢？谁来读一读描写海底的这一段？"这时，教室里充满了活跃的气氛，学生们也能愉快而轻松地朗读出西沙群岛海底景色的美丽和奇幻。

《狐假虎威》这篇课文的开头，老虎捉到狐狸时，"狐狸的眼珠子骨碌碌一转，扯着嗓子问老虎：'你敢吃我吗？'"这时，首先让学生圈出描写狐狸神态和动作的词语，然后再引导学生做出狐狸眼珠子骨碌碌一转的表情和扯着嗓子说话的动作，这样，学生一下就能感受到狐狸的急中生智和狡猾了。

文本的意蕴主要是通过语言文字体现的。学生在感知体验过程中，如果能够将僵硬的语言文字转化为鲜活灵动的画面图像，就可以有效地提升他们对语言感知的能力。所以语文教师要善于"披文入情"，把暗藏在字里行间的情感披露出来，只有做到文本细读，才能更好地把握情感，在进行朗读指导的时候，才能做到运筹帷幄。

2.在辨析比照中感知语言魅力

朗读与理解，是不可分开的。学生通过朗读、感受、理解、欣赏和评价，既培养了学生理解语言文字的能力，又培养了思维能力和口语表达能力。因此，理解是对语言文字运用的一个促进，而学生对文本的理解又多是以"读"为途径的。在充分读的基础上，我们可以进行比较，不断观察、认真分析，就能找出研究对象的相同点和不同点，这样就会有所发现。

语用能力从语言入手，而品味语言的第一要务就是感知词语的大体意思和整体意蕴。要引导学生对文本精妙的语言进行玩味品析，可以引导学生勤于动手，养成遇到不理解的词语就要及时查阅工具书的习惯。除此之外，更重要的是要引导学生通过现实生活和上下文的意思进行理解。教师可以依循由字面意思到引申意思，再到文本语境意思的教学思路。最佳的方式就是对比咀嚼。教师可以引导学生对文本语言中的一个句子、一个词语，甚至一个标点，通过增加、删减、移动、替换等多种方式揣摩课文语言的意蕴，在辨析比较中提升学生对语言的感知鉴别能力。

例如，在教学冰心的《雨后》这首小诗时，很多同学读文时，对诗歌中"发射出兴奋和骄傲"中的"发射"一词感到疑惑。于是，教师先引导学生尝试运用别的词语进行替换：展露、露出、呈现……紧接着，让学生结合诗歌的上下文反复读、细细品味：诗歌中的"发射"不仅表现了这些意思，还写出了什么？学生纷纷结合诗歌中"孩子脸上通红"，感受到他们内心涌动的兴奋与激情，而"发射"一词完全将孩子们蕴藏已久的内在情愫凸显出来，用词十分精妙。

《圆明园的毁灭》的第三自然段写道："圆明园中，有金碧辉煌的殿堂，也有玲珑剔透的亭台楼阁；有象征着热闹街市的'买卖街'，也有象征着田园风光的山乡村野。"

我们可以引导学生将课文中的原句与下面的这句话比较着读："圆明园中，有金碧辉煌的殿堂，也有象征着田园风光的山乡村野；有象征着热闹街市的'买卖街'，也有玲珑剔透的亭台楼阁。"

比较中我们不难发现，改后的句子一个字都没有漏掉，标点符号也没有改变过，但是读起来的感觉不一样，为什么？究竟哪种表达效果更好？在比较中追问，在追问中思考，我们就会发现作者语言表达的秘密，原来作者的表达是非常有序的——上一句写到了建筑物，后面对应的就是建筑物；上一句用到了四字词语，下一句对应的就是四字词语。没有比较，这样的表达秘妙，我们是很难发现的。

如果没有替换词语的衬托，凭借学生现有的水平和能力，他们根本无法捕捉这一词语的精妙所在，只能简单地一读而过。因此，在感知语言、品味语言的过程中，教师应该以辨析比较的方式，让学生真正进入文本语言中，读中理解，进而提升学生的语感能力。

我们再完整地看《圆明园的毁灭》的第三自然段：

圆明园中，有金碧辉煌的殿堂，也有玲珑剔透的亭台楼阁；有象征着热闹街市的"买卖街"，也有象征着田园风光的山乡村野。园中许多景物都是仿照各地名胜建造的，如，海宁的安澜园、苏州的狮子林、杭州西湖的平湖秋月；还有很多景物是根据古代文人的诗情画意建造的，如蓬岛瑶台、武陵春色。园中不仅有民族建筑，还有西洋景观。漫步园内，有如漫游在天南海北，饱览着中外风景名胜；流连其间，仿佛置身在幻想的境界里。

我们的解读不能仅停留在体会圆明园建筑的辉煌上，要从语义的理解走向语用实践，发现语言表达的秘妙，并引导学生进行语言运用实践。我们可以试着把课文第三自然段中"有……也有……""如……"后面的内容去掉，就会发现整段话立刻瘦成干瘪的骨架，毫无画面感。这种具体表达的方法是值得学生学习的。课文第四自然段："圆明园不但建筑宏伟，还收藏着最珍贵的历史文物：上自先秦时代的青铜礼器，下至唐、宋、元、明、清历代的名人书画和各种奇珍异宝，所以，它又是当时世界上最大的博物馆、艺术馆。"显然是略写，除去过渡句，对圆明园历史文物的描写只有短短的后面一句话。我们能不能让学生运用前面学到的具体描述的方法，用上"有……也有……""如……"等句式具体介绍一下圆明园的历史文物，来充实这一段呢？这样的练习不仅是语言的实践运用，更是对圆明园的深入了解。可以说，这样的练习使语言运用与内容理解相得益彰，收到了一石二鸟的效果。

3.借助标点体味文章情感

在日常教学中，我们可以从标点符号的表面差异，延伸到前后文语句的探究，通过朗读体验进而体会到标点符号背后所隐藏的丰富信息。

例如，《画杨桃》一文中老师和同学两次对话内容几乎是相同的，同学的回答更是一字不差：

"不像！""像五角星！"

"不……像。""像……五……五角星。"

这两句话的主要区别就是标点符号。在教学过程中，借助标点符号，展开对比阅读，让学生反复朗读并借助"老师请这几个同学轮流坐到我的座位上"这个句子，让学生体验课文中同学们态度变化的原因。学生通过对语言文字的深入理解，体会到同学们从肯定、坚信到犹豫、矛盾的心情变化，不同标点符号在语境中的丰富内涵和表达作用。在此基础上，再引导学生有感情地朗读这段话，有了语言理解的铺垫，有了内心情感的积淀，学生读出了画面，读出了情感，读出了语言文字特有的表现力。紧接着，又引导学生进行练笔"当同学们坐在'我'的位置上看到的杨桃是五角星时，心里在想什么呢？"进一步体会同学心中犹豫、想说实情又不好意思说等复杂、矛盾的心情。在这样的读写学习过程中，通过省略号细腻刻画人物态度变化的表现形式，也给学生留下了深刻的印象。

在教学实践中，既要培养学生语言文字运用能力，又要引导其体会文本的人文内涵。教师首先应该对文本有一个正确的解读。然后引领学生通过各种形式的读来理解、领悟和挖掘出语言表达方法，然后进行方法迁移运用，重点训练语言运用的能力，学生即可逐渐学会表达。

三、聚焦实践，在情境中运用语言

心理学家将只理解而不会运用的语言称为消极语言，能理解又会运用的语言称为积极语言。从能理解到会运用，是消极语言向积极语言的转化，是学会运用语言的一道重要关卡。创设情境，让学生经历一个尝试运用的环节就是突破关卡的方法之一。

语言文字的学习是个耳濡目染的熏陶过程。创设良好的语言文字学习环境，我们首先要加强校园文化建设。一条条标语、一句句名言等都是语言文字运用的范例，能让学生们潜移默化地受到教育。比如，在餐厅里应该张贴诗句"谁知盘中餐，粒粒皆辛苦"；看见有人摘花时，应该用"花儿也是有生命的，请爱护她"等标语来提醒；当有学生成天玩乐时，我们要用"名言栏"中的"少壮不努力，老大徒伤悲"来劝告。

除此之外，教师还要创设与生活贴近的语言文字环境，加深学生对周围事物的认识和理解，促进他们思维发展和语言文字运用能力。

1.创设文本语言运用情境，尝试运用

创设情境，把说话训练或小练笔辐射到阅读课上，已成为语文教师的共识。而结合文本创设情境，学生接受起来自然而然，更是凸显了教师的智慧。

例如，我们在不同的讲话场合，可以把新学的词语、优美的语句和名人名言运用到表达中。如学习了"饥肠辘辘"这个词后，老师对一个刚打下课铃就把零食往嘴里送的学生说："你现在是饥肠辘辘了吧，要不然怎么这么想吃东西。"有不少学生也立刻依葫芦画瓢，活学活用的效果就达到了。又如，教师表扬学生上体育课跑步的速度很快时可以说："你们都跑得像一阵风似的，我真为你们感到自豪。"创设这样的语言环境，目的就是让学生受到熏陶，继而自觉运用。

《小露珠》一课，在学生领悟了"越来越……"的用法后，老师请一位同学站起来读一段话，让其他同学听他每次读有什么不同。学生就会发现这位同学一次比一次读得好，更流利、更有感情，声音更响亮、更自信……这时候，再让学生运用"越来越……"表达，学生就能将这些变化用"越来越……"这个句式串联起来："这位同学的朗读越来越流利，越来越有感情，越来越有自信了。"

在学习《听听，秋的声音》时，要将解读语言文字作为教学重点。文章使用秋天的声音描述秋意非常有特色，如秋的声音"刷刷"是"黄叶道别的话音"等。学生对这种拟人的写法非常感兴趣，为了有效开展语用教学，教师利用信息技术手段为学生播放视频短片《秋天的"声音"》，视频中有秋风起，树叶"刷刷"响的声音，有秋风掠过田野里传来的声音。这种方式，不但可以吸引学生的注意力，还可以有效激活他们的已有体验，从而促使他们将自己的体验与文字的解读建立起联系，使他们更加深入地理解诗句的内涵，进而对树叶声代表的秋意、大雁南飞表达的秋意、丰收的声音代表的秋意等有了进一步的理解，并能准确表达出来，从而有效提高学生的语用能力。

学习《我的伯父鲁迅先生》时，有一个词语是"饱经风霜"，出现在原文是："他听见脚步声，抬起头来，饱经风霜的脸上现出难以忍受的痛苦。"老师这样安排学生学习："我们已经把课文读熟了，对课文中这位冒严寒、顶酷暑，一年到头在马路上奔波的车夫已经十分了解了，他的饱经风霜的脸会是一张怎样的脸呢？如果他才三十几岁，如果他才四十几岁……请你们展开想象，把他的脸刻画出来。"一个学生这样写："这位车夫才三十多岁，可是看上去却像五十多岁的人。他面色蜡黄，颧骨很高，两只眼睛深深地凹了进去，眼里布满了血丝，眼角爬满了鱼尾纹，嘴唇发白，裂开了几道血口子，灰白的头发乱蓬蓬的，连眉毛似乎都是灰白色的。"就这样巧妙地运用文本设计了语言运用的训练，既促进学生对文本内容的理解，又提高了学生语言运用的能力。

2.联系学生生活实际，自主运用

学会创造性地独立运用语言，是学习语言运用的终极目标。学生尝试运用之后，还不一定就能完全掌握。如果学生能联系生活有创意地、独立自主地运用，也就把发展学生思维和语言表达训练结合起来了，就能形成有效的语言表达能力。还是《小露珠》的例子，在老师创设读书情境，引导学生"运用"后，进而联系学生的生活实际，让他们发现自己身上的变化，学生会说"我练习书法的时间越来越长，字也写得越来越漂亮。""我在学习上越来越用功，成绩也就越来越好。"此时，"越来越……"就不再是简单的词汇，而变成学生表达自我的工具了。

《纸船和风筝》这篇课文里发生的故事，在小学生身上或身边也经常发生。这样，教师就可以从文章的内容出发，设计一些类似的教学情境，发挥小学生的"同理心"，通过问题提示，如"如果你是文章中的小熊、小松鼠，你会怎么做？又会在纸船或风筝上写些什么呢？"在问题的引领下，学生可以融入自己的情感与经验，灵活地使用语言表达自己内心的想法。

教完《鱼游到了纸上》这篇课文后，我设计了一个小练笔（任选一题完成，用上文中学到的神态、动作描写等，接着往下写）：

①看插图，展开想象，围观的人会怎样赞叹、议论？

②上课铃响了，老师捧着试卷走进教室，脸上堆满了笑容……

教学《大青树下的小学》一课，通过本校的招生照片引导小学生进入阅读情境中，鼓励学生结合自己的校园生活阅读课文。在真实的照片刺激下，小学生会发现日常被自己忽视的校园景色，从旁观者的角度感受校园之美，而这种积极的生活情感就有利于学生理解课文的主题思想，感受作者对大青树下的小学的热爱与自豪之情。中高年级课文内容是丰富多彩的，运用也应是多角度、多方面、形式多样的。在学生完成阅读任务之后，老师还可以鼓励学生根据课文内容展开仿写练习，鼓励小学生模仿文本语气与表达方式描绘自己的校园生活。如此一来，小学生就能很好地将听、说、读、写活动结合起来，综合训练自己的语言文字运用能力。实践证明，由于《大青树下的小学》以小学生的校园生活作为语用情境，所以小学生的学习兴趣是比较高涨的，且能积极探究课文内容与主题思想，实现了深度阅读、积极运用。

再比如续写故事。教材中的故事仅仅是为学生打开阅读的一扇窗户。教学中适当进行故事的读写延伸，对拓展学生人生体验，形成阅读经验，都有积极的作用。比如《坐井观天》一课的结尾这样写道："小鸟也笑了，说：'不信，你跳出井口来看一看吧！'"请同学们想象续写："青蛙鼓足勇气，真的从井底跳了出来，它看见什么了？又发生什么故事了？"有的同学想象出青蛙看到外面的世界欣喜万分，投身到大自然的怀抱里；有的同学想象到青蛙与小鸟的再一次对话，它固步自封，又回到井里的结局；还有的同学想象青蛙和小鸟成为好朋友，共同去周游世界等。

而像《坐井观天》《狐狸和乌鸦》《南辕北辙》等寓言故事中，人物之间的几次对话，层层深入，内容非常丰富。不妨设计出几个人物，小鸟、乌龟、老虎、花猫等，指导学生写几句生活中最能体现人物特点的对话来，或者利用寓言的多面性在故事中增加角色，给人以更大的教育；或是对自己喜爱的寓言进行再加工，以其为材料或者为故事大纲，扩写成小说或者其他体裁，看看谁最有想象力。

四、读写结合，自主表达

"读写结合"体现了"以学生为主体，以教师为主导，以训练为主线"的教学原则。在阅读教学中，我们要依托课堂，充分挖掘文本的资源，贯彻读写融合的理念。把课文分析与作文指导课结合在一起，做到"读课文学写作，以写促读，读写反复，搞好课堂小练笔，从而优化课堂结构：采用不同形式去激发学生的阅读写作兴趣，创设语用的契机，培养学生的语用能力。在课文的阅读教学中，我们要紧扣写作，进行一些相应的单项练习，以及进行片段作文的训练。如：练写一个场面、一个人物的肖像、一个人物的行动举止、一个人物的语言、一个人物的心理活动，或练写一件小事，或练写表明自己看法的一段话，等等。每次练笔，都不要求写得长，而要求学生人人动笔。写几十个字，或写百来个字，都可以。这样坚持下去，学生练写的机会多了，写作兴趣就得到培养，写作能力也就跟着提高。

1.情感体验处内化

课文是作者情感抒发、心理升华的产物，是反复锤炼的语言艺术。在平时的教学中，特别是文本情感渗透处，可通过回忆、唤醒等方式激活学生已有的语言储备，适当输入语言材料，促使学生把学到的语言材料内化为自己的语言材料，并沉淀积累，这无疑是学习语言文字的又一捷径。如：在学习《桥》这篇课文时，老师以"他像一座山"为主线，一步步引领学生走近人物，在文章结尾处，老师这样设计："面对这样一位老人，写一写你的心里话。"

（1）我是村里一个普通老百姓，洪水过后，面对着失去丈夫和儿子的老人，我想对她说："＿＿＿＿＿＿＿＿＿＿＿＿＿＿＿。"

（2）我是村里的一位党员，洪水过后，面对着失去丈夫和儿子的老人，我想对她说："_____。"

（3）我是上级领导，洪水过后，面对着失去丈夫和儿子的老人，我想对她说："_____。"

学生感慨万千，将自己对老支书的崇敬与对老人的慰藉自然流淌于笔下，避免了口号式的假和空，又揭示了人物的精神品质，将情感体验推向高潮。此时，再有感情地朗读"他像一座山"。学生的感受到位了，朗诵时情感发自内心，自然而然地倾诉出来。

在第三学段的教学中，感悟文章深层结构规律既是重点也是难点。我们要根据"这一篇课文"的结构特征，引导学生感悟出"这一类文章"的结构规律，以便在今后的阅读和写作中加以运用，形成篇章深层结构的把握和表现能力。比如在《月光曲》的教学中，我们可以把课文所描述的地点、实践和情感形成以下结构线索的板书：

走在路上　听到琴声　惊喜
走近茅屋　听到对话　感动
走进茅屋　弹奏一曲　激动
　　　　　再奏一曲　陶醉
离开茅屋　记录下来　兴奋

在这个文章结构线索中，地点的变化是学生在阅读之初获得的，事件的发展是在理解内容的过程中获得的，而情感的线索则是在深刻体会人物思想感情之后获得的，他们在横向上形成一种关联，在纵向上呈现渐次深化。以情感的深化发展来反观文章事件的安排，可以发现：作者的每一个阶段性事件的描述，都是围绕贝多芬情感的变化进行的。我们可以引导学生通过以上板书的纵向梳理和横向比较，感悟到"如何根据情感发展的表达需要，选择相应的事件，安排叙述的顺序"，而这正是叙事性文章典型的结构规律之一。

2.文本空白处外显

语文阅读教学中，教师在引导学生解读文本时，抓住教材的空白点或生成点，让学生依据课文内容，结合生活体验，展开想象，合理地补上课文言语的空白，通过发现"没有"而了解其"有"，可以创造性地建构文本意义，使教学内容更加周密、清楚、完整。因材设计，活用文本，巧妙"补白"的教学，培养学生创造性阅读能力，为学生打开一个绚丽多彩的世界，让语文课堂更加鲜活起来。

《要下雨了》一课以童话的文体讲述了下雨前小动物的不同表现。第二至六自然段表达的形式大体相同，都是写小燕子在回家的路上碰到了谁，然后通过小动物的对话告诉我们下雨前它有什么表现，为什么这样做。第七自然段表达的形式有些不同，只概括地写了小白兔把要下雨的消息告诉了蚂蚁，并没有具体描写它的语言；只写出了蚂蚁雨前的表现，并没有告诉我们它这样做的原因。这就为我们留出了一个空白，为积累与运用提供了空间。老师并没有生硬地提问："小白兔是怎么说的？大蚂蚁为什么搬家？"而是运用生动的语言来创设一个童话的情境：

"哪位是热心的小白兔，快把要下雨的消息告诉蚂蚁吧。"

老师话音刚落，有的同学就站起来着急地说："蚂蚁，蚂蚁，快回家吧，要下雨啦！"

老师急忙说："多热心的小白兔呀！大家都是大蚂蚁，快来回答小白兔。"

同学们有感情地齐声读："是要下雨了，我们正忙着搬东西呢！"

老师继续启发："小白兔，你听了蚂蚁的话产生了什么疑问呀？"

一位同学好奇地问："蚂蚁，蚂蚁，你为什么搬家呀？"

"是呀，哪只大蚂蚁来给小白兔解释一下？"

一位小男孩信心十足地说："因为要下雨了，我们怕雨水淹没自己的家，所以要搬到高处去。"

老师不解地问："你是怎么知道的？"

小男孩自豪地说："我是从《十万个为什么》这本书中了解到的。"

老师赞许地说："真是个爱读书的孩子！说话时还能运用'因为……所以……'这样的句式，表达得多清楚呀！"

《西门豹治邺》中有这样一段描写："官绅一个个吓得面如土色，跪下来磕头求饶，把头都磕破了，直淌血。"在教学中，教师可以引导学生对官绅的神态、语言以及受害老百姓的对话展开想象，让学生根据课文的场景把想象的画面写下来。有文本精彩的文字做铺垫，学生很自然地把官绅贪生怕死与斯文扫地的丑态写在纸上，也把老百姓悲愤的控诉淋漓尽致地表现出来。这种语用训练是让学生置身于文本描写的情境中，可以加深学生对文本的认识，并激发学生语文学习的兴趣。

教学《当世界年纪还小的时候》时，教师可以抓住文中的最后一个省略号，进行这样的语用训练：这篇课文充满了奇妙的想象，请同学们关注最后一处的省略号，想象还有哪些事物在自由生长，做着自己最容易的事情。请把你想到的画面描述出来。教师抓住这处标点符号引导学生进行想象，从而让学生明白世界万物虽然在变化，但又有它的秩序，每样东西都尽量简单化。这种语用训练方法可以提高学生对标点符号的认识。

再如，教学《"精彩极了"和"糟糕极了"》一文，引导学生写一写：父母看到我作的小诗后争吵，"我"痛哭时的心理活动；《坐井观天》这一课以浅显简单的语言文字通过描述小鸟和青蛙的三次对话，来争论天到底有多大的问题。在这篇课文后，我让学生放飞想象，续编第四次对话：假如有一天青蛙真地跳出了井口，他会说些什么？做些什么？《狐假虎威》是一篇有趣、寓意深刻的寓言故事，在学习完故事后，可引导学生想象，续编老虎上当以后，他会想到什么？会怎么做？学习课文《将相和》，引导学生想象廉颇、蔺相如和好之后他们是如何相处的……

围绕课文的重点，恰当选择读写结合点，才能进一步提高课堂教学实效。教师要通过研读教材，准确把握文章的重点，在适当的时机，巧妙设计练笔，进一步拓展文本内容，引导学生深化对文章主题的理解，发展语言、锤炼思维。

3.特殊语言处仿写

为了帮助学生感受课文独特的语言表达方式，提高语言表达的规范性和灵活性，课堂上，教师要善于抓住语言训练的迁移点，让学生从文中悟出说写规律，从而使不拘一格、精彩纷呈的语言表达变得有章可循。教材中有很多文本，往往采用了相同的句式、结构和表达方式。教学中，我们要注意借助课文中特殊的语言形式，精心为学生设计说写练习，提高学生的语言表达能力。

比如，教学《富饶的西沙群岛》一课时，可以利用文本的特点，抓住几个比较有价值的语言训练点进行语言训练。如在学习第二自然段时，引导学生用"因为……所以……"的句式回答西沙群岛一带海水五光十色的原因。在第四自然段的教学中，可通过多媒体课件将各种海鱼呈现出来，鼓励学生抓住鱼的外形特点，用"有的……有的……有的……有的……"的句式练习说话。再如，在教《丑小鸭》一课中"羡慕"一词时，先让学生用句式音序查字法理解这个词的意思，然后问学生"丑小鸭看见了什么很羡慕？平时你看见什么会羡慕？"最后用"羡慕"造句，使学生在品词析句中更好地感受、感悟、积累和运用。

又如，教学《鸟的天堂》一文时，可让学生练习用"起初……后来……接着……""到处……到处……有的……有的……"的句式练习说话，让学生学会动静结合地表达，并掌握排比句式的用法。教学《长城》一文时，可让学生按"站在……看着……扶着……很自然地想起……"的句式练习说话，指导学生按"所见—所闻—所感"顺序连贯有序地表达。

《我是什么》的第三自然段写得非常有趣："平常我在池子里睡觉，在小溪里散步，在江河里奔跑，在海洋里跳舞、唱歌、开大会。"读着这样的句子，学生的第一感觉是表达真有趣，水娃娃和我们一起睡觉，也和我们一起奔跑，于是顺势让学生做做相应的动作，再变换句子比较："平常，我在池子里奔跑，在小溪里开大会，在江河里睡觉，在海洋里散步。"通过比较，学生发现：原来，水娃娃在池子里是很安静的，就像睡觉一样；在小溪里是慢慢流的，就像散步；在江河里流得快一点，所以是奔跑；到了大海，水娃娃的伙伴更多了，动作更丰富了，所以是唱歌、跳舞、开大会。接着，把文本句子调换顺序排一排，再比较，学生又发现，文章在写的时候是按一定顺序的，池子里的水流入小溪，小溪汇聚到江河，江河又流入大海。在这样一个重排、比较的过程中，学生感受到了文本的秘妙，并在朗读中积累。最后，引发学生思维拓展：水娃娃还藏在哪里呢？它在干什么？于是，学生模仿作者的语言风格，流泻下溢满诗情的语句：我在荷叶上打滚，在山谷里弹琴，在高山上蹦极……

根据不同年级学生的特点，我们的训练要体现出层次性和递进性：从最简单的训练内容，如仿词、造句、换词、仿说句子，到稍难一些的常用句式、构段方式、仿写片段的练习，再到模仿整篇文章的结构、叙述说明的方法练习等，由简到繁、由易到难地进行训练。

4.语言的重组与创生

选用文章素材组织语言，把课文作为一个蕴藏着无穷的写作点子的"材料库"，从课文内容中选择合宜的写作素材，重新构思组织，提高说写能力。

语言的重组有两种方式。一种是比较简单的，就是以文本语言为模板，通过词序、语序或人称等语言元素的调整，让学生在重新组织语言变化、语言表达中得到语言转换训练。

比如《赵州桥》的第一自然段是按赵州桥的历史地位、名称、建筑地点、建桥年代、时间和设计者的顺序来写的。教学时，先让学生找出这些信息后，让学生把这几个内容调整一下顺序，重新组织，结果有了不同的语言表达：

（1）位于河北省赵县洨河上的赵州桥，世界闻名，距今已有1300多年了，是隋朝石匠李春设计和参加建造的。

（2）有1300多年历史的赵州桥世界闻名。它位于河北省赵县的洨河上。是隋朝石匠李春设计和参加建造的。

（3）1300多年前，隋朝石匠李春设计和参加建造了世界闻名的赵州桥，至今还屹立在河北省赵县的洨河上。

（4）世界闻名的赵州桥，横跨在河北省赵县的洨河上，它是1300多年前隋朝石匠李春设计和参加建造的。

二是相对复杂的重组。不仅要添加自己的语言，把课文中的语言材料重新组织，还得注意与所写的内容、思想、情感融为一体，达到言意兼得。

比如《鹬蚌相争》一课，当学生初步了解了"鹬蚌相争，渔翁得利"的意思后，教师引导学生接着课文的结尾，续编故事：渔夫提着装着鹬和蚌的鱼篓，开开心心地往家走。可是，这个鱼篓口只用一层网儿盖着，你们觉得接下来可能会发生什么事儿？一石激起千层浪，学生的兴趣一下子高涨起来，七嘴八舌地议论起来。有的说鹬和蚌还是互不相让，结果成了渔翁的美餐；有的说鹬和蚌最后团结起来，冲破渔网，来了个"胜利大逃亡"。教师肯定了这两种想法，又让学生小组合作自由编故事，再派代表进行全班交流。就这样，学生分别从故事可能发展的两种结果中进行对比、分析，从而进一步得出结论："鹬蚌相争，渔翁得利"，"鹬蚌不相争，渔翁必无利"。通过这样的想象、正反论证，得到对寓意的理解，要比不进行想象续写的理解深刻得多。这是一种融想象创造、意义探究、表达思维于一体的高质量的阅读理解和能力培养。

又如《鲸》的教学，可创设这样的语用情境：大鲨鱼不让鲸参加海洋鱼类音乐会，鲸很不服气，把大鲨鱼告上法庭。请学生代法庭写一份判决书，让鲸心服口服。这样，学生就必须用上课文中说明鲸不是鱼，而是哺乳动物的知识和内容，重新组织语言才行。这样的读和写，已经不单纯是对课文语言的忠实再现了，而是能够表达自己情感与理解的二度创作了。

我们可以借助语言重组引导学生，把文本或生活中习得的语言材料纳入自身的言语系统当中，实现课文语言的内化。使其言皆出于我口，使其意若出于我心，最终能依据生活情境、交际场合、交往对象的不同，得以个性得体的表达。

总之，为写而读，读写结合，不仅是教学形式的转变，教学侧重点的转变，也是教学思想的转变，如此教学更有助于培养学生的语言文字运用能力。事实上，对于阅读教学而言，运用方法理解内容的过程，必然会伴随着对写作方法的领悟，因为文本的思想内容与表达形式本是相互依存的，犹如钱币的两面，这也正是"言意"能够"兼得"的原因所在。

五、聚焦文体，体验不同学法

不同文体的课文，有着不同的表达形式。诗歌有诗歌的特点，说明文有说明文的特质，神话有神话的特征，议论文有议论文的特色。依据文体特点进行教学，教学方法亦应有异。这既有利于学生理解课文内容，又便于学生把握课文的表达形式，这无疑将有助于培养学生的语言文字运用能力。针对不同的文体，学习不同的阅读思路和方法。这是阅读教学的特殊任务，也是培养学生语用能力的必由之路。

统编教材聚焦单元整体，每个单元内容的编排突出主题，有小说单元、散文单元、童话单元，也有寓言故事单元、民间故事单元……因此，统编教材更加关注文体教学、语用教学。统编教材每个单元一般由两部分组成，第一部分提出单元学习的人文主题，第二部分指出本单元的语文要素，也就是要学习的"语用"内容。对导语的解读，应该在两者之间获得手段与目标的关联。比如，《月光曲》所在单元的导语告诉我们：本单元的课文是艺术专题，"一首歌，一幅画，一间小工艺品……都是一段美好的艺术之旅"。语文要素则指出"语用"实践点："借助语言文字展开想象，体会艺术之美。"把它们组合成手段和目标相关联的一句话就是"学习作者是如何通过想象和联想的表达方法表现音乐和人物情感的"。《月光曲》的第八和第九自然段的联想和想象，充分展现了音乐的魅力，又表现了人物内心的情感。

所以，"学习作者展开联想和想象进行表达的方法"这一单元目标在本课可以细化为两项学习内容：一是联想和想象产生的环境；二是它们在表现音乐魅力和人物情感方面的作用。如何落实这两项学习任务呢？

首先，认识联想和想象产生的环境。需要学生读文后思考、交流：在贝多芬要弹第二首曲子的时候，屋子里发生了什么变化？这些变化对贝多芬弹奏这首曲子有什么影响？让学生理解此时的环境是朦胧、幽静的，这样的情境使贝多芬联想到了月光下的大海，并用自己擅长的音乐表现出来。

其次，感悟联想、想象的妙处。需要先体会联想、想象的内容。兄妹俩看见了什么？引导学生理解文中联想、想象的语句，明确所描写的意境与音乐的联系：海面由平静到波涛汹涌；月光由柔和到照亮海面；音乐由舒缓到高亢激昂。学生理解后，教师可播放音乐和画面，引导学生进一步体会课文描述的意境，并在朗读中体味描写的美妙，再感悟人物心灵相通，让学生思考：课文为什么说哥哥知道妹妹"仿佛也看到了"。正是因为音乐使他们心灵相通，可见音乐的魅力。然后感受联想、想象的作用：出示去掉联想、想象内容的片段，学生对比阅读，谈一谈自己的感受。教师小结：这就是联想和想象的作用。它不但能把我们看不见的东西表现出来，而且能够表现人物的心灵与情感。在记事中恰当地加进联想和想象，文章就会更加充实、生动，表达的情境和感情就会更加丰富、深刻。

最后，创设情境，嫁接语用。交响曲《田园》是贝多芬又一首代表作，1808年在维也纳首演，由贝多芬亲自指挥，在首演节目单上，他写道："乡村生活的回忆，写情多于写景。"于是，老师设计出这样的练习情境：让我们一起走进维也纳音乐厅，欣赏《田园》，写下你的联想和想象。

这样的教学，关注单元整体，关注文体教学，使得语用训练更加精准。

再比如童话，语言形象、情节生动、想象奇妙，给人启迪就是区别于其他文体的特质，尤其是想象奇妙。第二学段的童话教学，要让学生充分体会离奇的想象。练写童话时，要引导学生充分表达驰骋的想象。如《巨人的花园》一课，可引导学生发现花园发生了几次奇妙的变化？为什么会有这样的变化？这一问题，既是对课文内容的梳理把握，又使学生初步认识到：童话就是奇妙的想象！接着，将这一课原文中的一些奇妙想象的语句、片段引入课堂，让学生去充分地朗读、欣赏，从而体味奇妙想象带来的童话浪漫有趣。这样紧扣文体特点，学生每学完一种文体就会对相应文体的语言文字有不同的认识与收获，文体语言文字特点的印迹就会深深刻在学生脑海之中。

《真理诞生于一百个问号之后》是六年级上册的一篇说理文，说理文的基本结构形式是先提出观点，然后举出例子，最后进行总结。教学这篇课文时，我在让学生弄清文体特点的基础上，抛出学习目标，引导学生学习：课文的观点是什么？举了哪几个例子？例子是怎样说明观点的？之后让学生模仿课文的表达形式，先以课文的观点练手，"你可以举什么事例来说明课文表达的观点"。然后，以"有志者，事竟成""失败是成功之母"等为话题，写几段文字证明这个观点。学生学得很投入，不仅对课文内容理解得很透彻，还很好地掌握了说理文的基本表达形式，并学会了迁移运用。

《麋鹿》是苏教版语文六年级上册的一篇说明文，说明文的文体特点是从事物的不同方面来介绍事物。《麋鹿》这篇课文就是从外形特点、生活习性和传奇经历三个方面来介绍麋鹿的。教学《麋鹿》这篇课文时，我把读与说的训练结合起来，先让学生弄清课文是从哪几个方面介绍麋鹿的。然后让学生分别画出写外形特点和生活习性的句子，朗读出来。在学生熟读的基础上，让学生介绍麋鹿。为了激发学生说的兴趣，我创设了这样的情境："同学们，现在你们是小导游，正带领游客参观麋鹿饲养场，不过这里不仅有麋鹿，还有驯鹿，请你们细致地为游客介绍，让他们听了你们的介绍，不仅能一眼辨认出麋鹿来，还能熟知麋鹿的生活习性。"这样，通过说的训练，把书面语言转化成了学生的口头语言，不仅加深了学生对课文内容的理解，还发展了学生的语言能力。

学生在学习方法运用方面往往有惯性，教师要根据具体情况给予适当的点拨指导，要从不同文体文章的表达特点出发，教给学生读懂一篇文章的一般思路和方法，如《天游峰的扫路人》中对天游峰的描写，是从侧面烘托扫路人的品质；《学会合作》中，应学会演讲稿的写作方法等。

更要教会学生不同类型文章的阅读思路、方法。改变不分年级、不分文体的千篇一律的阅读教学模式。以"叙事类文章"为例，它包括"叙事说理"与"叙事写人"两类，那么，这类文章的学习方法可以归纳为：明确主要人物及人物之间的关系，把握事件的主要情节；抓住主要人物的表现（语言、动作、神态、心理活动）理解人物特点。学生掌握了这一类文章的学习方法，就可以自己尝试读书、找主要事件、抓人物的表现来理解人物特点了。总之，把方法教给学生，学生就拥有了学习的能力。

六、在语文实践活动中培养学生语用能力

语文课程是一门实践性、综合性很强的课程，本就有着取之不尽、用之不竭的学习资源。学生应在这种贴近生活的丰富多彩的教学实践中学语文、学做人，从而催生开放的、富有活力的语文课程。

1.用好课文资源进行综合性学习

开放的语文课程以学生的语文生活经验和成长需要为依据，强调语文学科与其他学科的有机联系，使学生在不同内容和方法的相互交插、渗透和整合中开阔视野。走出教科书，走出教室，走出校园，把教科书"这本小书"与生活"这本大书"融为一体，密切语文学习生活与社会生活的联系。这样的语文课程必然是开放而有活力的。

（1）着眼于教学内容的拓展延伸

让学生大量接触语文材料，就要注意课内外阅读的有机渗透、和谐衔接，引导学生多读中外名家名篇以及报刊上富有时代气息的文章。唐诗宋词、成语故事、对联、中国古典名著，以及《安徒生童话》《小王子》等外国的文学经典等，这一切都是语文可借鉴、可开发和可利用的。比如学习《小壁虎借尾巴》，可以适当地引进其他版本教材，如人教版的《比尾巴》、沪教版《松鼠的尾巴》等文章让学生阅读，也可以让学生去收集其他动物尾巴的功能，创编《小壁虎借尾巴新编》，或创编其他小童话、儿童诗等。

还可以找出语文课内外学习的结合点，开展丰富多彩的综合实践活动，比如教材中要求的《说词语比赛》《说绕口令》《编故事》《说谜语，猜谜语》《听笑话，讲笑话》《练一练，比一比》等内容，同时，鼓励学生提出质疑并合作讨论，增强学生的好奇心，激活学生的兴趣点，培养学生的动手动脑能力，体会综合实践活动的乐趣。

这样，既有利于加深学生对课文的理解，也有利于他们触类旁通、开阔视野，从而提高学生的语文素养。

（2）对教材进行二度开发

教材是编者教学意图的集中体现，是教学的重要材料。但是，教材不能等同于教学内容，也不能自动地转化为教学内容。对教材的二度开发，主要是"去粗留精、由表及里、由此及彼、向外拓展"，对教材进行重组或延伸

或改造，让学生换一种视角，换一个对象，换一个方式去理解、把握，从而形成和升华认识，使之适合教学的需要。比如：引入其他例子，组织比较阅读；根据需要对教材进行重新整合；在原来例子上进行延伸，后续加工；变换切入点，引导学生从别的角度去认识、挖掘教材等，不拘一格。

教材之外，教师还要注意创设丰富多彩的"共同讨论"的情境，培养学生表达能力、倾听能力以及与人交流的能力。比如，可以根据学生的爱好特长开设"学生展示台"。为爱好旅游的同学开设"××同学看世界"专栏；为喜欢汽车的同学开办"名车展"；为擅长背诗的同学设立"××诗坛"等。有共同兴趣爱好的同学还可以一起查阅资料、合作展示。这样的实践活动其实也是对教材内容的延伸，如果从低年级就开始抓起，对学生是一个长期的培养，既发展了特长，又积淀了文化，还锤炼了意志，将使学生终身受益。

例如五年级结合教学内容，开展"为自己喜欢的作家制作'作家卡片'"活动，结合书本的作家卡片，向学生介绍了制作的基本要求。同学们也都表现出极大的兴趣，精心选材，创意构思，巧妙设计，每位学生都制作出独具特色的"作家卡片"。一张张充满灵气的作品不仅讲述了作家的生平，介绍创作的背景，还述说着孩子们对作家的崇敬，对作品的喜爱，以及自己的小小领悟。

又如，《十二月花》一课，是以介绍十二个月份各有什么花、这些花有什么特点为内容的一首诗歌。教学时，为了让学生更好地理解课文内容，更深入地进行语文的学习，老师把一首小诗的教学改成了一次口语交际课，让同学们介绍自己最喜欢什么花？这些花有什么特点？同学们结合诗句和图片，说出："我最喜欢的是正月开放的水仙花，它亭亭玉立，绿绿的叶子、雪白的花瓣、金黄的花蕊，再加上淡淡的清香，太美了！""我喜欢开满池塘的荷花，圆圆的叶子托出娇艳的粉红的花朵，大诗人杨万里曾用诗句'接天莲叶无穷碧，映日荷花别样红'来形容它。"……同学们用优美的语言、诗句表达着对各种花卉的喜爱。接着，老师引导大家发现课文是怎样抓住各种花卉的特点来写的，然后布置学生去生活中观察或去查找资料，看看在这十二个月里，还会有什么花盛开，它们各有什么特点。最后，让大家试着用上自己找到的资料写出一首属于同学们自己的小诗歌《十二月花》，与大家交流。在这里，老师超越了教材中诗歌这样一个阅读文体，不留痕迹地进行了一次生动活泼的以"我最喜欢的花"为主题的语文综合性学习活动，把观察、发现和表达创作结合在一起，有效地调动了学生丰富的语言积累。期间，我们明显感受到了学生学习热情的高涨和语言表达能力的提高，应该说，对教材的二度开发是行之有效的一次探索。

五年级学生在学"民间故事"这一单元时，教师布置了给民间故事制作连环画的任务，学生兴趣极高，形成了一幅幅图文并茂的连环画作品。

于是，我们在全校范围内开展"共读一本书"活动，各学科以名著经典《西游记》为依托，深入挖掘学科结合点，制定活动方案，设计任务单，设计绘制西游路线图，给名著人物绘制名片等活动。不仅语、数、英学科设计了有趣的任务活动，其他学科也纷纷参与。例如美术学科设计了帮西游人物设计法宝，体育学科设计了"西游取经大闯关"活动，实现了各学科之间的融合，极大激发了学生的学习热情。

（3）利用插图练习说写

课文一般是由课题系统（课文）、图像系统（插图）和作业系统组成的。在教学实践中，我们往往重文字轻图画，只把插图看作是课文的点缀和装饰，不予重视。其实，插图是课文内容的外化形式，它在展示学生的独特体验，感受课文情感和人物形象、训练语言表达等方面具有特殊的价值。只要我们巧妙运用，它的价值就能得到体现，从而为学习课文服务。孟郊的《游子吟》是一首赞颂母爱的名诗，课文中配了一幅插图，一位满头银发的老妈妈借着微弱的油灯光，眯着昏花的眼睛在穿针引线，为将要远行的儿子赶制衣裳，一脸的慈爱。一旁，儿子正在专心致志地读着书，温馨弥漫着整个小屋。在学生理解诗意、体会诗情后，可以借助插图进行两次训练：

第一，低声吟诵这首诗，观察插图，想象一位慈母在子女外出前借着油灯的微光为子女缝制衣裳的情景，再写下来。

第二，结合自己的感受和体验，为这幅图画配文题字，学生兴趣盎然，妙语连珠："母爱伴我走天涯""因为爱，所以爱""为儿操劳，为娘辛苦——心心相印""一针一线总关情""任我走得多远，飞得多高，总走不出母亲的视线""针脚密，线儿长，母子情谊长又长""小小油灯，闪烁着母爱的光辉""儿行千里母担忧……"

（4）写读书笔记

培养学生良好的阅读习惯，要使学生养成记读书笔记的习惯。做读书笔

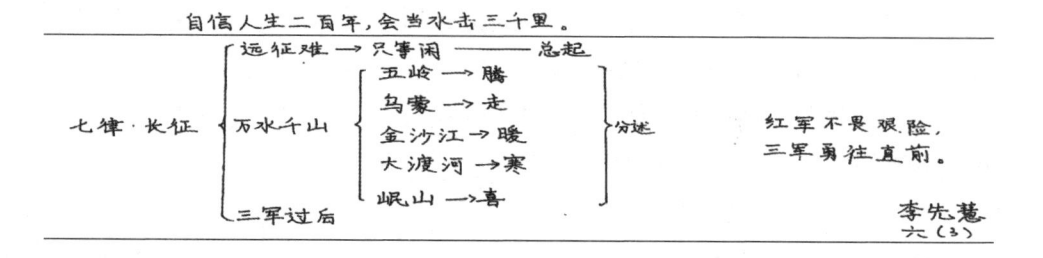

记，能够帮助记忆，积累知识，加深理解，训练思维，提高写作能力，为培养学生的语言表达能力提供助力。阅读课上，我们推荐学生用写读书笔记的形式进行语文阅读方面的学习。

写读书笔记，经常用的方法是自由摘录法，喜欢哪些内容就摘记哪些内容。为了提高学生摘记的兴趣，可以鼓励学生使用多种色彩的笔，或为自己的摘记配上图画，使笔记色彩丰富，更美观，这样既可以美丽心灵，又可以美丽眼睛。

如六年级上册的《狼牙山五壮士》以及《七律·长征》，学生在预习时就将文章的写作背景记录在了整篇笔记的左侧，同时，文章的主要内容也已经体现出来了。课上，根据老师的引导，学生又自主梳理出如小标题、点面结合等知识点的总结。这样系统的记录，学生能从更多方面、更多细节之处关注文本，为语文学习打下坚实基础。

写读书笔记，学生常用的方法还有圈点批注法。教师要引导学生在文章的空白处根据阅读目的的不同分别做出不同的批注，同时要指导学生有一套自己使用的圈点符号。难字生词、段落大意、思想内容、写作手法、语言表达、评点人物、见解感受、联想想象、质疑问难等，都可以成为批注的内容。

写读书笔记，还可以用缩写、扩写、续写、改写、写读后感等方式进行。在阅读中针对不同文章采取不同方法，篇幅较长的如小说可以缩写；篇幅较短的如文言短文可以扩写；情节性比较强的如童话可以续写；古诗词可以改写成散文、记叙文，散文可以改写成诗歌；还可以选词写文，即从所读文章中选出几个词组合成一篇文章；还可以鼓励学生写读后感等。这种方法，既加深了学生对文章的理解，也练习了写作。

除了以上常用的写读书笔记的方式，我们还可以用各种"读书卡片"的形式来做读书笔记。

①阅读积累卡

余映潮老师说："学生的这种收获和积累不仅仅是语言的、知识的，还应该有方法的、情感的、思维的……不仅包括字与词，更重要的是成块成段成篇语言材料的读背识记，它们是语言运用的基础。"利用积累卡，日积月累，学生的语言基础才会丰厚扎实，语文素养才会不断提高。

阅读积累卡

我读的文章：《吹小号的天鹅》

我积累的字词：叫嚣、缄默、灵感

我积累的四字短语：辽阔无垠、永恒不变、静谧安详

我会背的段落：天鹅一定要快乐，不要悲伤；要优雅，不要笨拙；要勇敢，不要怯懦。要记住，这世上到处都是有某种障碍要去克服的年轻人。你显然是有语言缺陷的。我相信你早晚能战胜它的。

我学到的写作手法：作者用拟人、排比、比喻、环境描写、语言描写等手法写出了细节的变化，使文章更加生动，感人。

我学会了运用：他失魂落魄的样子吓了我一跳。

②赏读卡

用赏读卡的方式指导学生写读书笔记。学生找出自己最喜欢的句段，可以从词语的运用、修辞手法、写作手法、思想情感等自选角度进行赏析，或谈自己的感受，形式比较自由。比如：

赏读卡

读书时间：2021年10月10日

读书篇目：《爱的教育》

最佳句段：教育之没有情感，没有爱，如同池塘没有水一样。没有水，就不成其池塘，没有爱就没有教育。

我的赏析或感悟：爱是一次没有尽头的旅行，一路上边走边看，就会很轻松，每天也会有因对新事物的感悟，学习而充实起来。于是，就想继续走下去，甚至投入热情，不在乎它将持续多久。

---

③赏析卡

这也是寻美之旅。学生在老师的指导下，多角度、多层面地赏析，发现文章的美，进而学习运用。就整篇文章来读，可指导学生从结构、意境、情感、景物、人物、选材、细节、过渡、呼应、开头、结尾、语言、画面、构思、手法（对比衬托、托物言志、借景抒情、正侧结合、多角度描写、欲扬先抑、以小见大等）等美点来赏析。就段落来读，可以指导学生从动静美、色彩美、虚实美、修辞美、动作美、神态美、对话美等角度来赏析。

我赏读的文章：《紫藤萝瀑布》

我欣赏到的美：呼应美

我的举例：开头——我不由得停住了脚步

结尾——在这浅紫色的光辉和浅紫色的芳香中，我不觉加快了脚步。

苏霍姆林斯基说："读书是要交给学生的。"这种笔记形式需要老师事先做好讲解和示例，学会运用可能需要一个过程。要引导学生读进去，摘出

来，背下来。

④仿写卡

学生可选择自己喜欢的句子或段落进行赏析，然后进行仿写。余映潮老师在《致语文教师》里说过一段话："熟悉了文章的模式，知晓了文章的一些规律，习作者就可以进行模仿，进行化用，进行创造。"所以我们可以利用阅读材料，首先指导学生进行赏读，然后引导学生发现模式，提炼规律，学习写作。写作时可以读一篇文章就写，也可以读几篇文章，比较阅读后再写。可以写同题作文、同主题作文，也可以做片段练习，或仿写句子。仿写是提高学生写作能力很有效的方法之一。

我阅读的文章：《繁星·春水》

选择理由：文字短小轻灵，清新隽美，表达了作者对母爱、童真、大自然的赞美。

我的仿写：

朋友们，

当你走过那片草丛时，

请放轻你的脚步，

在那里，

虫儿们做着甜甜的梦，

蜻蜓轻吻着水面，

水便笑开了花。

人生是多么短暂呀，

我愣了一下神儿，

已从少年走到了青年。

妈妈，我喜欢夏天，

不是因为美丽的裙子。

而是因为长长的假期里，

可以和你一起轻摇小扇，

倾听蝉鸣，细数天上的星。

⑤好书推介卡

利用这种形式,学生把自己阅读的好文章或好书推荐给学生,既表达了学生自己的思考,也为其他学生的阅读提供了帮助,可谓一举两得。

> 我推荐的书目:《鲁滨逊漂流记》
> 作者简介:18世纪中叶,英国作家丹尼尔·笛福。
> 主要内容:鲁滨逊喜欢出洋远游,一次出海途中遇到飓风,他漂流到一个孤岛上。他战胜重重困难孤身一人在荒无人烟的荒岛上生活了28年。
> 片段欣赏:在我精心照料下,受伤的小山羊活下来了,腿也长好了,而且长得很结实。由于我长期抚养,小山羊渐渐驯服起来,整日在我住所门前的草地上吃草,不肯离开。这诱发了我的一个念头:我可以饲养一些易于驯服的动物,将来一旦弹药用完也不愁没有东西吃。
> 人物介绍:鲁滨逊,有冒险精神、勇敢、坚韧、善于思考、有顽强的意志、有创造精神。
> 推荐理由:你能想象一个人孤身在荒岛上生活28年吗?他如何解决食物、饮水、住宿等问题?如何战胜孤独、寂寞和疾病?当野人来袭时,他该怎么办?……小说想象丰富,情节曲折,带领我们进入一个不一样的世界。
> 我的收获(感悟):当遇到困难时,我们要认真观察,冷静思考,用顽强的意志战胜困难。当灾难突然发生的时候,我们一定要沉着镇静。人要有点儿冒险精神,更要有创新精神。

要想激发学生写读书笔记的兴趣,进而培养学生语用能力,还需要结合学生所写的读书笔记进一步实践才行。比如,可以利用课前五分钟的诵读展示,读背汇报,读书笔记传阅、交流,读书体会交流、好书推介等方法。还可以进行读书笔记展览评比,每月一次,评出优秀者奖励。对于写得比较好的,可以进行读书心得、读后感墙报式展览。另外,还可以开好书推介会、读书交流会等。

任何一篇课文之所以都是学习语言文字运用的重要凭借,就在于语言学习内容的可创生性。用叶圣陶先生的话说，就是"语文教材无非是个例子"。凭这个例子，要使学生能够举一反三，练成阅读和写作的熟练技能。其实，例子的价值并不只在获得多少例子中的知识，积累多少例子中的语言，而是以这个例子为平台和支点，训练学生自主阅读、写作的能力。这就需要教师独具慧眼，在从静态的教材向动态的学材的转化中，寻找到适合的言语生长点和能力发展点。根据学生自身对课文的理解，以及自身的生活经验，对课文进行加工改造，以丰富感受、深化理解、提高学生语言表达能力。

2.开展课外阅读，实现语言运用

语文教学既要立足于课堂，也要超越课堂。要做到课堂教学、课外阅读两手抓。积极开展课外阅读活动，提高学生阅读量，做学生语文学习的启蒙者、学生阅读的点灯人。

我们用主题教学理念，从教材里的一篇课文，带出后面的一篇文章或一本书。如学完《富饶的西沙群岛》，推荐学生读一读儿童科普读物；在教学《景阳冈》时，教师根据学生爱听故事的特点，绘声绘色地讲几段有关武松的故事片段，当学生听得津津有味时，教师戛然而止，然后告诉学生，要知道故事发展如何，课外书里都有，只要自己去看书，就会知道更多更有趣的故事。接着趁热打铁，向他们推荐《水浒传》等名著，这样的做法极大地激发了学生课外阅读的兴趣。

我们可以根据学生实际和教学的需要，从指导学生读小人书、读图画书中的故事和人物等做延伸阅读，向学生推荐适合他们的书目。比如，向低年级学生推荐童话、寓言、绘本等生动有趣的读物；向中年级学生推荐情节动人、曲折的故事，如历史故事、民间故事、科幻小说等；向高年级学生推荐文质兼美、富有情趣的名篇佳作。

低年级"童话"系列课程的学习，我们先把教材规定的内容完成，再延伸童话故事阅读，也试着让学生写童话，进行童话系列阅读和活动分享。比如，在学好教材中的《植物妈妈有办法》这篇文章的同时，我们还利用好"快乐读书吧"栏目，阅读《一粒种子的旅行》。主题实践活动中，师生一起研究《植物妈妈有办法》中的相关植物。这样就把语文教学中的阅读、识字、实践活动等都融入到了里面，体现"课堂小天地，天地大课堂"的理念。

中年级，也进行适当的拓展延伸。比如鼓励学生从意象进行分类，从中心主旨进行分类等，给学生一定的启发。比如：在开展统编版语文四年级下册《轻叩诗歌的大门》这一综合性实践活动时，在单元导语的提示下，教师明确了在开展实践性活动时的目标和任务：要引导学生学会鉴赏现代诗，要引导学生掌握收集资料的方法。在有了大的方向之后，教师还深入挖掘了教材中的其他资源。比如在本次综合性实践活动中有一个标签提示：用恰当的语气表达出诗歌的情感，表情、手势要自然。教师注意到这一细节，在开展活动时着重强调要自然地、有感情地朗诵。在这样的引导下，学生在朗读现代诗歌时，才能朗诵出那种独属于现代诗歌的优雅。除此之外，在引导学生合编小诗集时，教师还利用教材中的提示，引导学生从诗人、内容、形式等角度给诗歌分类等。

高年级，我们从教材里的《猴王出世》《草船借箭》《景阳冈》等篇目带出《西游记》《三国演义》《水浒传》等名著的阅读。我们用萧红、罗贯中、鲁迅，安东尼·布朗，以及苏轼这些经典人物，串起学生的课内外语文教学，形成了以主题为价值导向的"单篇经典、群文阅读、整本书学习、实践活动、自选项目研究"的"语文主题课程群"。又比如，我们以"与鲁迅的童年相遇"为主题，基于教材中《少年闰土》《我的伯父鲁迅先生》这些篇目，推荐阅读《朝花夕拾》，改编剧本，进行戏剧《早》的演出，开展了"我们心中的鲁迅博物馆"设计，还有自主选修以"我心中的鲁迅先生"等为内容的小课题研究……

3.巧用思维导图，丰富语用途径

思维导图的放射性思考方法，能帮助学生克服语文阅读中存在的材料多、知识点繁杂等困难，使师生双方都从新的视角对所学知识进行系统梳理、能帮助学生深化并拓宽所学知识，从而实现对知识的活学活用，提高学生的自学能力。

学生在阅读过程中绘制思维导图，通常以一个主题向四周发散，每个分支上使用一个或多个关键词，将文本内容转化为直观、形象、可视的图画，把自己对文本的理解和文本互动的过程清晰地呈现出来，并在构建语篇意义的过程中不断修正自己的理解。这个过程可以帮助学生提高逻辑思维能力和概括能力。

比如学习《竹节人》这篇课文，老师引领学生设计了如下的思维导图。这样的思维导图，体现了学生对课文内容的把握，在学生熟悉课文的基础上进行总结和提炼。在填写"制作过程"时，带着阅读任务再读课文，即可找到课文第三自然段主要写了竹节人的制作过程，然后提炼出关键词进行作答。

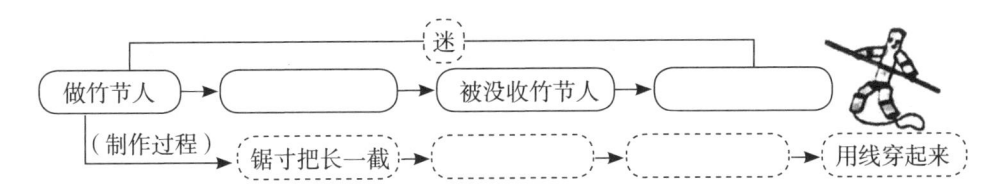

做竹节人（制作过程）→ □ →（迷）被没收竹节人 → □
锯寸把长一截 → □ → □ → 用线穿起来

又如《陶罐和铁罐》这篇课文以对话形式讲述了铁罐自以为自己很坚硬，瞧不起陶罐，但是很多年以后，陶罐出土成为文物，铁罐却消失得无影无踪的故事。课文是按照"起因—经过—结果"的思路展开的，通过课文的学习让学生明白"尺有所短，寸有所长"的道理，不能自以为是，要看到别人的长处，正视自己的短处，相互尊重。这篇文章对学生来说很有吸引力，学习起来不是很困难，但要让学生理解课文告诉我们的道理却有一定难度。作者采用了情感色彩非常鲜明的对比性的词语刻画人物形象，在教学中注意引导学生体会作者是怎样用恰当的词语来表现人物形象，通过理解词语来达到理解课文的目的的。

于是在教学设计的课前准备环节，老师让学生预习课文并绘制思维导图。一般把课文的题目作为思维导图的主题，陶罐是一个一级分支，铁罐是另一个一级分支，在理解课文的同时，可以随时把关键词写在思维导图上，能够让学生理清课文的脉络，让陶罐和铁罐的特点有鲜明的对比，还可以根据文章的内容添加更多的分支。这样的预习能让学生发现问题，知道自己要重点学习的地方，提高学生的自主学习能力。可见，思维导图能帮助学生整体感知课文，清晰地把握文章结构，提升学生处理信息的能力。关键词的提取还能提高学生概括、总结的能力。

课前让学生绘制思维导图，教师在讲授新课时就可以以绘制思维导图为主线，以"陶罐和铁罐各有什么特点"这一问题延伸出一些小问题，如"你从哪里感受到它很谦虚？""同学们思考下铁罐一次又一次地奚落陶罐，而且态度一次比一次傲慢，究竟是为什么？"等，为学生提供清晰的学习任务和思维导向。根据学生的回答，老师引领学生不断补充完善思维导图，最后给学生呈现出本节课完整的思维导图，促进学生对新知的巩固，提升思维的整合度。从表面上看，新授课的过程是绘制思维导图的过程，其实是在与学生的互动中对课文进行了深入阅读，让学生始终处于培养思维能力的过程中。通过小组活动，让小组成员汇报自己的思维导图，然后组长进行总结，这种集思广益的做法，能让学生之间的思维进行碰撞，发现自己思维的不足之处，在与小组成员的交流中完善自己。教师也通过思维导图对各小组成员的学习过程有所了解，及时发现问题，改正问题。

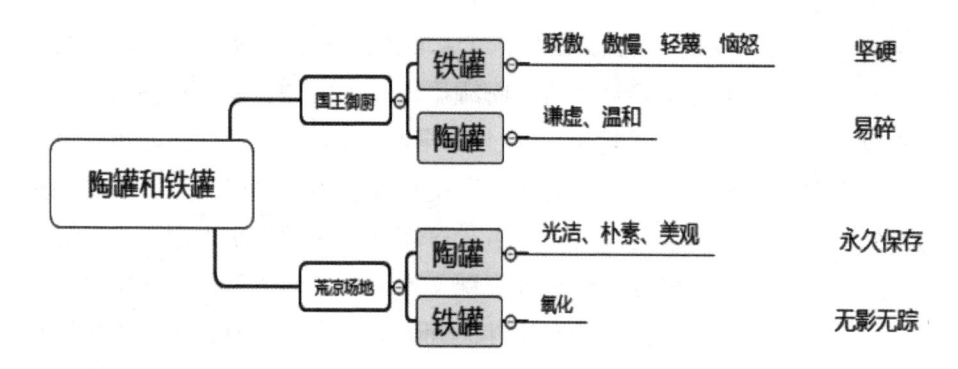

```
                         ┌─ 铁罐 ── 骄傲、傲慢、轻蔑、恼怒    坚硬
           ┌─ 国王御厨 ─┤
           │             └─ 陶罐 ── 谦虚、温和              易碎
陶罐和铁罐 ─┤
           │             ┌─ 陶罐 ── 光洁、朴素、美观        永久保存
           └─ 荒凉场地 ─┤
                         └─ 铁罐 ── 氧化                    无影无踪
```

课后，可以让学生根据思维导图向父母讲述这个故事。思维导图能帮助学生快速地回忆课文，既是对文章写作思路的理解巩固，也是对自己思维过程的回忆，能让学生在作者的写作思路中学习作者的思维过程，使自己得到提升。同时，向家长讲述能锻炼学生的语言表达能力，提高学生的语文素养。

利用思维导图还可以帮助学生进行仿写的练习。如《乡下人家》第一自然段中第一、二句描写屋前搭有瓜架及花落结瓜的景色。第三句采用对比的手法发表自己的看法：若是在门前竖两根大旗杆，让人不免觉得太单调，若是蹲一对石狮子又太威严，让人不由得拘谨、胆怯，难生亲切之意，而农家小院前满是攀着棚架爬上屋檐的绿绿的藤和叶，点缀其中的青与红的瓜，色彩明丽，生活气息浓郁，把农家小院装点得别致生动、亲切可爱。作者就是抓住了屋前瓜架这一乡村平凡的事物，普通的场面，描写了乡村生活的特点，展现了乡村生活的美好，抒发了自己对乡村生活的爱、向往之情。学生在老师的带领下，利用思维导图感受到了课文这一自然段的写作方法。之后，老师可以先带领学生在校园里走走，细致观察一处校园景物，制订出自己想写的校园的思维导图。比如：

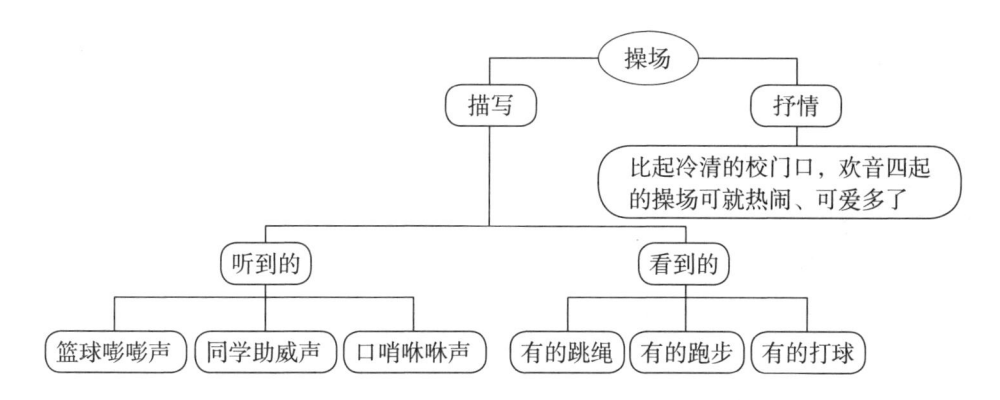

第四章 培养学生语用能力的策略

```
                        操场
               ┌─────────┴─────────┐
              描写                 抒情
                             比起冷清的校门口，欢音四起
                             的操场可就热闹、可爱多了
        ┌──────┴──────┐              
       听到的          看到的
     ┌───┼───┐      ┌───┼───┐
  篮球  同学  口哨   有的  有的  有的
  嘭嘭  助威  咻咻   跳绳  跑步  打球
   声    声    声
```

又根据此思维导图，仿写出了描写"校园"的片段：

只要在上学的时候，只要太阳挂在树梢，操场上的连天叫声中，欢声笑语一定不绝于耳。听吧，篮球场上，篮球落地的"嘭嘭"声，同学们的助威声，裁判吹口哨的"咻咻"声……看吧，操场上，学生个个神采奕奕，这里简直就是孩子们的乐园，他们有的跳绳，有的跑步，有的打球，一个个像活泼的麻雀，十分热闹。比起冷清的校门口，欢声四起的操场可就热闹、可爱多了。

这样，用"描写抒情式结构导图"帮助学生构建"操场"的描写，既是对描写抒情式段式结构的巩固练习，又是对语言组织的表达练习，还是思维求异性的训练，实现了一举多得，更加有效地发展了学生创造性思维，提高了语言实践能力，思维导图的引入让习作显得更有情趣，更有实效。

把思维导图应用于写作之中，有利于学生习作的选材、思路的扩展、布局的合理、提高学生的写作积极性等，有助于教师系统地讲解作文，提高学生的写作水平。比如，三年级学生刚开始接触习作，要让学生有话可写，知道怎么写，才能增强学生习作的自信心。以《熟悉的人的一件事》为例，教师在与学生的互动中，通过多个问题最终呈现出完整的思维导图，然后让学生自己绘制思维导图，让学生知道这篇作文如何去写。教师用学过的课文的人物为原型，让学生回忆人物的特点，通过学生的回答，教师的概括总结，引导学生明白是通过一件事来说明的，让学生总结出叙述一件事要对事情的经过具体描写，然后通过本单元《灰雀》这篇课文中描写高尔基的两句话进行对比，让学生对语言、动作、神态、细节等描写有了了解，最后，让学生小组内描述一个同学，在小组汇报中，教师及时总结其中的关键词、评价学生的回答，补充完善思维导图，最后呈现出完整的思维导图，让学生对这篇习作该怎么写，写什么有清晰的认识。

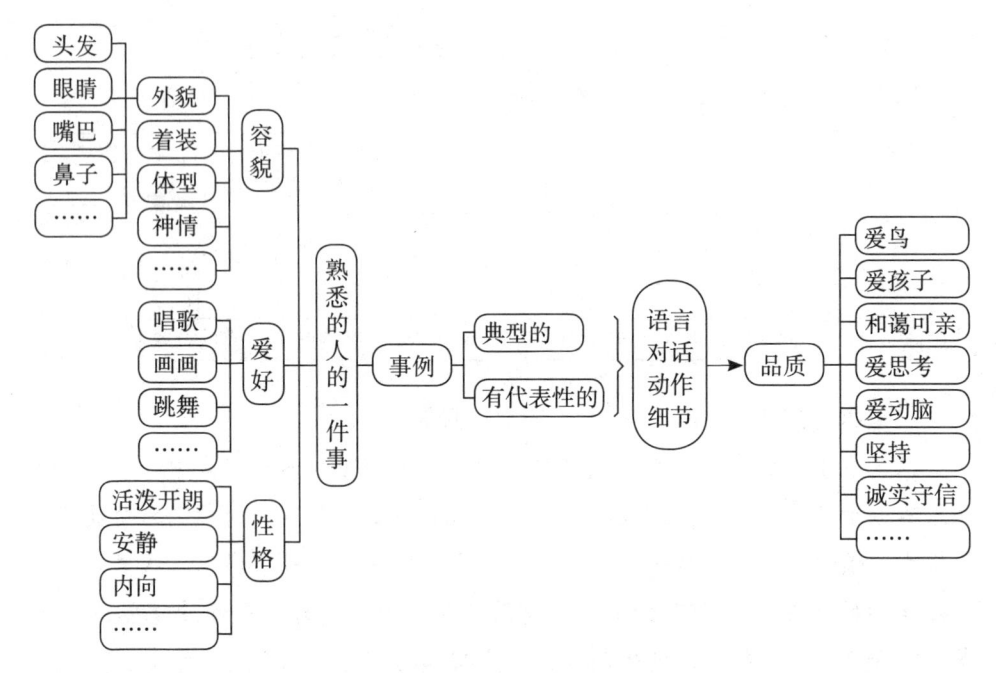

```
头发 ┐
眼睛 ├─ 外貌 ┐
嘴巴 │   着装 ├─ 容貌 ┐
鼻子 ┘   体型 │       │
         神情 ┘       │
         ……           │
                      │
唱歌 ┐               熟悉      典型的 ┐         爱鸟
画画 ├─ 爱好 ─────── 的人 ── 事例 ──┤      ── 语言 ── 品质 ── 爱孩子
跳舞 ┘               的一          有代表性的 ┘  对话          和蔼可亲
……                   件事                      动作          爱思考
                                                细节          爱动脑
活泼开朗 ┐                                                    坚持
安静     ├─ 性格                                              诚实守信
内向     ┘                                                    ……
……
```

对学生习作的评价，也可以在老师对学生的思维导图评价的基础上，提出修改意见，学生完成习作后，进行小组内第二次评价，然后老师对出现的有代表性的问题进行重点讲解、总结，让学生再修改习作。这样，就将对学生习作的评价贯穿在学生的写作过程中了。

另外，在指导学生进行整本书阅读的时候，我们根据部编教材"快乐读书吧"推荐的书目，指导学生用读书笔记的形式对书籍进行了更深层次的学习。像"快乐读书吧"中必读书目《童年》，除了基本的导读和分享外，我还在课上引导学生除了可以将自己感受最深的部分摘抄下来外，还可以厘清人物的关系，用思维导图的模式将主要人物的特点呈现在读书笔记的主要部分。学生们也根据自己的理解将感受积累在了读书笔记的下方。有些同学还特意空出来一部分，在接下来的阅读中，再继续补充自己的思考和感悟。

这些课外阅读活动的开展，不仅激发了学生读书的兴趣，而且丰富了学生底蕴，助推了学生识字、阅读、语言表达能力的不断提高。

4.以日常生活为出发点，在实践中感悟语言

"语文学习的外延等于生活的外延。"生活是学生语文学习的源头活水。儿童对于自然、社会、人生具有强烈的探究意识和追问欲望，有了这种探究和追问，生活才呈现出多姿多彩的内容。

(1) 走进自然，丰富形象和语言积累

在具有浓厚课程意识的教师眼里，大自然的一切都是取之不尽的课程资源：春天的花草、夏天的浓荫、秋天的枫叶、冬天的雪花；日月星辰、飞鸟虫鱼、蝶飞蜂舞……课文中许多写景抒情的经典名篇，来自于作家对大自然的体察和感悟，当学生身临其境，在感受月圆月缺、花开花落时，往往也能引发情感的变化，催生对人生的感悟。只要引导学生观察自然，一定能引发许多语文问题。例如：学习《小小的船》这首诗，选择一个有月亮的晴夜，让学生去广场上赏月，面对皎洁的明月，学生不仅可以从科学的角度，产生探索月球奥秘的愿望，更可以想到有关月亮的美丽的传说和故事，可以情不自禁地回忆起曾经读过的有关月亮的诗词、儿歌，从而激发探究的欲望：究竟有多少描写月亮的文学作品？这些作品中的月亮又是什么样子的？学生利用图书馆、网络收集有关月亮的诗句、小故事等资料，并进行整理。"月亮诗朗诵会""月亮诗欣赏会"就可以召开了。学生在朗诵、欣赏、品味中，逐步提高学习的兴趣和品位。

(2) 激活生活，感悟生活

教师在教学中要引导学生贴近生活，感悟生活，在生活中扩大视野，增进积累，激活思维，发展能力。教师也要注意挖掘学生生活中的资源，与语文教学挂钩，提升学生的语文能力。

比如，一个同学将要随父母去外地旅游一个星期，跟老师请假。老师答应了，但是要求这个同学写一张请假条。请假条这个内容是教材里没有的，孩子在家长的帮助下写了请假条拿给老师，老师接到请假条后就把当天的语文课内容定为初步感知请假条的格式，学写请假条。老师把这张请假条投影在屏幕上，请全班同学观察这张请假条，自己读一读，看看能发现什么？同学们在自己的观察以及老师的引导下，一步一步地弄明白了请假条的写法。当天，老师布置的语文作业就是给学生一个情境，写一张请假条。这个案例中，老师及时抓住了学生生活中一个真实事件，构建成一个学习情境，让学生在自主探究中学会了写"请假条"。这个事件本身是社会资源，教师在这里及时"巧取"，将教学组织成学生亲身探究的过程，是资源的活用。

又比如教材练一练中，出示了儿童诗《快乐的节日》，请同学们看图说节日的名称并补充自己知道的节日。教师在组织学生交流书中提到的节日时可以鼓励学生大胆提问："为什么我们的节日是六月一日？""妈妈说

'五一'劳动节我们都要去劳动,这是为什么呢?""中秋节为什么要吃月饼?"等。教师可以先组织学生共同讨论这些问题,对于不能解决的,课下可以通过收集信息,如中外传统节日及现代节日的由来及相关故事、习俗,用制作剪贴报的形式解答出来,并在语文课上与大家分享。

另外,教师还要跳出教材,结合本班特点设立五花八门的节日,将节日和课程结合,形成节日文化。如开展"玩具节"的综合性学习活动:

1.读一读。读有关"玩具"的课文,进行朗读比赛。(朗读能力的训练)

2.讲一讲。查找、收集有关"玩具"的动画片、小故事,开小小故事会。(口头表达的训练,认真倾听的训练)

3.做一做。亲手做玩具,想想玩具的制作过程。(动手操作,独立思考)

4.问一问,说一说。问的人:制作玩具的原料有哪些?这个玩具怎么玩?介绍的人:介绍玩具的样子及由来,召开玩具展览会。(口语交际的训练)

5.玩一玩,写一写感想。(写话能力的训练)

每一个活动的制定都与主题紧密结合,学生在读、讲、说、写的训练中,不仅使语文素养得到提高,还培养了学生的策划、组织、协调、实施的能力,听说读写能力均得到发展,活动充满了浓浓的语文味。

再比如学习《落叶》一课,恰逢秋季。天高云淡,秋风送爽,各种颜色、不同形状的叶子被"秋姑娘"摘下,随意洒落在校园和乡间小道上。在上学或放学的途中,热爱大自然的孩子总喜欢拣几片漂亮的叶子细细把玩。此时此刻,发动学生采集各种落叶,召开一个色彩斑斓的赏叶会,那是多么令学生开心的事啊!在这个活动中,有的学生将采集来的树叶按颜色、形状、采集地点、采集时间进行粘贴,然后以一句话或几句话的形式进行介绍;喜欢画画的学生马上想到用树叶贴画,有的学生则画自己喜欢的树叶,有的则和同伴一起自制叶片标本,配上自己有感而发的几句话。经常开展这样的活动,学生的说话能力、识字能力、审美、绘画、想象、创造、探究等能力都会逐步提高,加强了语文学科与科学、艺术、数学等学科的整合,培养了学生合作、探究意识,开阔了视野,提高了学习语文的兴趣。

还有,学习完《小小的船》一课,引导学生和语文实践活动"画一画"结合起来:让学生每天望一望天上的月亮,同时出示小儿歌,让大家读一读，看看和儿歌中写的一样不一样：

看月亮

初一看，一条线。

初二三，眉毛弯。

初五六，挂银镰。

初七八，像小船。

初九十，切半圆。

十五六，像玉盘。

再把自己看到的画下来：

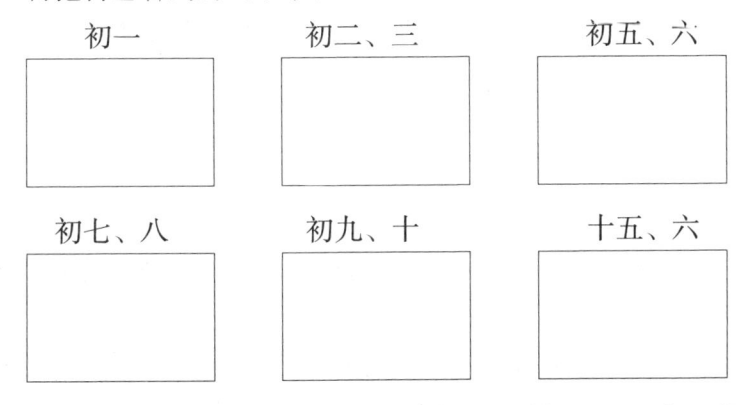

初一	初二、三	初五、六

初七、八	初九、十	十五、六

教师也可以有意识地让学生用绘画、用文字记录自己每天最难忘的瞬间，让学生及时、自由地表达心声，为看图写画奠定坚实的基础。还可以将学生分成小组，以制作"连环画""小人书"，撰写"循环日记"的形式合作创作，培养学生学习语文的兴趣，团队合作的能力，做事认真负责的态度和坚持不懈的精神。

（3）利用起本地区的特色资源

教师还要在课堂上通过各种形式让学生把对人生的看法、社会现象的评判、本地的历史和现状，生活的喜忧、家庭的悲欢等充分表达出来。比如学习《画家乡》这一课，家住在大兴采育的同学就充分利用起了家乡的资源——葡萄。同学们一起参观了葡萄博物馆，了解了采育葡萄简史、葡萄的众多品种；参观了每年一次的"葡萄文化节"；采访了葡萄种植能手；还观看了葡萄摄影展。通过一系列的参观、访问、调查等活动，使学生以葡萄为载体，认识家乡的特色文化，从而更加热爱家乡。有的同学仿照课文的写法把参观的感受写成小日记，有的同学拿出绘画本领，展示一张张精美的以葡萄为

主题的图画或手抄报,还有的同学在老师的帮助下把参观感受编成小儿歌:

葡萄赞

采育葡萄品种多,欢迎大家来参观。

巨峰京秀玫瑰香,马奶夏黑红地球。

八月成熟迎宾客,又香又甜美名扬。

教学中带领学生走进生活,充分挖掘生活资源、地方特色,使学生在广阔的天地里,兴致勃勃地进行着一次又一次语文实践活动,探究学习使学生的语文学习兴趣增强了,语文知识和能力的储备越来越丰厚了。

(4)打破学科界限,尝试跨学科整合

语文学科和其他学科有着密不可分的联系。教师要引导学生淡化学科界限,利用语文这个工具去学习其他学科知识,也可以在其他学科的教学中进行语文的实践。这样,有助于学生徜徉在学科之间,汲取多方面的营养,综合性地学语文、用语文、全面提高语文素养。

例如,低年级学习《我最喜欢春天》一文,在导入新课时,启发学生回忆有关"春天"的歌曲,学生便会情不自禁地唱起音乐课上学过的《春天在哪里》,这就给学生营造了一种轻松愉快的学习气氛,激发了学生的学习兴趣。课后,让学生用各种方法展示他们寻找到的春天,有的学生用画笔画出美丽的春天;有的用相机拍下春天的美景,在家长的帮助下,制成幻灯片,还在每张图片下面写上了优美的句子;有的积累了关于春天的古诗、诗歌;还有的学生根据课文内容进行了表演……这样,语文学习就与音乐、美术、信息技术等学科有机地结合在一起,实现了学习内容的整合,促进了学生语文能力的发展和提高。

"读与演"结合的关键是教师要善于挖掘课内外阅读材料中的戏剧因素,努力为学生搭建表演的舞台,调动学生的表演欲望和才能,让学生在表演中收获知识、享受快乐。

首先,教师可以组织学生表演课本剧。例如,学习《小白兔和小灰兔》《小蝌蚪找妈妈》《小马过河》《小壁虎借尾巴》《亡羊补牢》等文章都可以指导学生表演课本剧。教师在教授这些课文时,就可以和学生对这些课文进行二度创造,加进一些动作、情节和对话,并制作头饰、道具及布景等,用表演课本剧的形式激起学生学习语文的热情,帮助学生深入理解课文,升华情感:《从现在开始》让学生懂得要尊重别人的生活习惯,尊重别人,与人和睦相处，才能得到大家的支持和拥护；《骆驼和羊》让学生知道了每个人都有长处和短处，要多看别人的长处；《酸的和甜的》让学生知道了不能光听别人说，得自己亲自去尝试一下；《称赞》更让学生明白赞美的神奇力量。

其次，教师还可以组织学生表演经典童话。例如，举办年级"童话节"。在"童话节"这天，每位教师和学生都打扮成自己喜欢的童话中的人物，大家在一起讲述自己扮演的是谁，讲述这个人物在童话中的一段精彩故事，讲自己为什么喜欢这个童话人物，等等。年级还可以举办教师和学生的最佳着装奖评比，在童话节启动仪式上走上台摆出造型；还可以请来童话的创作者为大家阅读童话，讲讲童话创作的故事，等等。大家在一起分享表演的快乐、阅读的乐趣。

5.运用信息技术手段，开阔学生视野

信息技术的迅猛发展，打破了时空的限制，为语文教学提供了无数可以利用的空间，开阔了学生的视野。低年级学生可以在老师或家长的指导下利用信息技术手段查找资料，尽快地搜索到自己需要的材料，尽早阅读，同时还要在老师的指导下，学会鉴别资料、筛选资料，获取有用的信息。能力强的小学生也可以利用信息技术，及时将自己的语文学习成果，如小日记、诗配画、照片配话等在网上发布，享受成功的喜悦，同时接受读者的批评和建议，进一步提高自己的语言运用能力。现代信息技术手段的运用，激发了学生学习的兴趣，提高了语文教学的效率。

"互联网+"在中国的快速发展，为教育改革带来了机遇，指明了方向。将互联网与作文教学的整个过程进行资源整合，搭建起选材、修改、展示的平台，可以很好地激发学生写作的热情，提高学生的语言运用能力。

（1）借助互联网，激发学生习作的欲望

小学生思维以具体形象思维为主要形式，这就要求作文教学以引导学生感知为基础，尽可能地运用直观手段，根据教学内容的需要，通过播放录像、电视片、影片等手段创设特定的教学情境，通过形象、光色、声音激发写作兴趣。

互联网上可共享的资源是无限的。大量的图片、音像资料为我们的教学活动提供了丰富、感性的材料，缩短了学生与文本之间的距离，为学生提供了形象、感性的认识。像写景的文章，更适合于用图片、录像片等来激发学生感受大自然、热爱大自然、热爱生活的情趣；欢呼声、话语声、掌声等

129

音像材料，有利于培养学生的发散思维和跳跃性思维，适用于想象作文的教学；一段人们早晨忙乱洗漱、匆忙赶路的生活录像，更能引发学生对生活画面的回忆，使学生产生表达"我的早晨是吵闹的""我的脚步是匆忙的"等心情的迫切愿望。

（2）借助互联网，传授方法，自由表达

借助互联网，还可以正确地引导学生有重点、有顺序地写作。

①分清主次，突出重点地表达

利用音像教材能够克服学生习作时主次不分、详略不当的缺点。录像能够对重点部分进行定格、放大，引起学生高度的注意，并在头脑中留下鲜明而深刻的印象。比如，教学"美丽的家园"时，同时展示社区各个角落，让学生选择其中一两处做重点描述。在学生重点描述时，再将所选画面放大，做到主次分明、详略得当。

②厘清结构，井然有序地表达

大多数老师经常组织学生开展活动，比如在疫情期间，师生开展"网络春游""网络运动会"等，学生很喜欢。但学生在事后写作时，往往言之无物，远不如玩时开心和尽情。多媒体计算机可以展示复杂的场景、难以描述的事物。比如：把庆"六一"活动的录像放给学生看，通过追忆、联想，学生的思维一下子活跃起来，能够根据画面理清事情，明白当时做了什么，动作、表情、心情怎样。有了这些情景再现，学生习作时就有了抓手。

③开阔视野，拓宽思路地表达

学生写作，不容易产生新的内容。此时，教师要引导学生开阔视野，拓宽思路。如教学"我想发明"，师生共同搜寻"现实生活中，人们摹仿哪些生物的特点，发明了哪些东西？"利用电脑给学生播放人们的各种发明，如："根据蜻蜓，发明和制造了飞机""根据鱼，发明和制造了潜水艇"等。由"蜻蜓"变成"飞机"，由"鱼"变为"潜水艇"，生动的画面一下子就吸引了孩子，同时引发孩子更多想象。此时，再出现一些生物的镜头，引导学生思考：你会根据哪些生物给你留下的启示，发明出哪些有益于人们生活的东西来呢？学生思路一下子被打开了。有的想根据小壁虎尾巴"再生"的特点，制造出一种"再生素"，让截肢病人在短时间内重新长出四肢，减轻病人的痛苦；有的根据"苍蝇不怕脏东西，研制发明抗毒素"。有的想模仿鸭、鹅的脚掌，"给人装上能在水上行走的'脚'"……天真但又充满智慧的想法，无不显示着学生丰富的想象力和神奇的创新力。

（3）创造条件，改变学习方式

互联网的运用应能引导学生通过发现、探究和意义建构的途径获取知识。也就是说，教学手段应该是学生进行发现、探究、认识社会、接受新信息并最终完成意义建构的工具。因此，在教学中教师应激发学生主动参与的意识，引导学生积极主动地提出问题、解答问题。

①学生自主拍摄，为作文教学提供直观的观察对象

随着时代的发展，数码相机、手机、iPad已逐渐进入学生的生活，并成为学生喜欢的工具。发挥这些工具的作用，使学生变被动接受为主动获取，发挥主体积极性，唤起高涨的学习情绪，真正成为学习的主人。如：让学生走进大自然，使用数码相机、手机，拍摄最具春天特征的景物。或者让学生自己种植花草，拍摄、记录生长过程。习作时，发挥照片的独特效用，在不断放大的图片中，引导学生学习由整体到局部观察的顺序、细微之处的观察方法等。信息技术将培养观察能力从一句口号变成实实在在的行动。

②信息的搜索、加工也是一种习作形式

信息技术为学生的学习提供了新场景，教师不再是唯一的知识源。学生从互联网上搜索、捕捉新知，学习处理、加工信息的方法，获得有价值的信息资源。

比如"停课不停学"期间，通过网络引导学生一起阅读《三国演义》这部书。让学生就《三国演义》中人物的功过是非发表自己的看法，介绍自己最喜欢的"三国人物"。①学生先通过上网查询，围绕"我喜欢的'三国人物'及理由"这一主题，展开讨论，相互启发，形成写作思路。教师给予学生适当的建议。②学生一起开展写作活动。教师给予及时的帮助。③通过网络交流习作，进行点评，然后修改自己的习作。给予不同层次的学生充实的自主学习的空间。

（4）学生参与其中，提高习作、修改的能力

在观察日记、随堂练笔、大小作文等习作练习形式中，班级"博客"深受学生喜爱。开通班级博客，可以帮助学生进行有效的习作前期积累、中期修改和后期点评。通过这个平台，学生可以相互学习借鉴，取长补短，体验习作的全部过程，提高自身的作文素养。

疫情期间，我们在班级开通了班级博客主页，聘请电脑教师担任班级博

客指导教师，指导学生设计出精美的网页。然后把班级学生分为五个大组，从周一至周五，每组学生利用课余的时间，轮流在网上记录班级学习生活中发生的故事。某组同学写的时候，其他小组的同学负责对博文的内容进行点评，网上交流各自的观点。组与组之间展开评比，看哪组的博文写得好。

①及时观察，记录生活的点滴

学生要写好班级博客，就先得学会观察。学生观察生活、社会、自然、无论是点滴小事，还是有一定影响的校园活动，都能入眼入心，在班级博客中发表博文。每次习作前，我都把主题在博客主页上公布出来。学生围绕主题，不拘形式地把自己觉得新奇有趣、印象深刻和感受最深的学习所得以"帖子"的形式进行公布。比如：疫情期间，很多白衣天使、志愿者的故事，居家学习故事等纷纷进入学生的博文中。他们在观察中思考、捕捉习作素材。久而久之，就养成了随时记录班级、社会及自然的习惯。

②即时点评，激发写作兴趣

班级博客的内涵是广阔的，不光有文字，还有图片；不光有学生的作品，还有读者的评价；不光有教师的指导，家长的指点，更有同伴的提醒，真是无物不入博文。

每个人都希望自己的作品能够得到他人的重视。及时地跟帖点评，快捷方便，有效地激发了学生习作的欲望。同学点评的语言鲜活多样，有心里话，有客观评价，有"点赞"这样的潮流词汇，有"笑脸、哭脸"等小表情。看这些网络评价，也会有收获。家长对孩子博文的点评，往往更多的是关爱和鼓励，更能激起学生习作的积极性。在学生跟帖式点评的结尾，是教师对博文的综合性点评，让学生系统地知道本次习作的优点和不足，为进一步修改指明方向。生生互评、家长评价、教师点评等方式，让习作的评价走向综合和多元，有利于学生全面地看待自己的习作，提高习作能力。

班级博客为学生学习习作解决了兴趣关、素材关、评价关三大难题，为学生习作架起了"有米之锅"，更享受到现代教育技术给他们的习作带来的诸多好处。

互联网进入课堂，是一种教学理念的转变，它可以提供更多的资源信息，创设更理想的教学氛围，给予学生更多的学习机会。随着科技的迅猛发展，现代信息技术一定会成为学生课内外学习、生活、娱乐不可多得的"有声朋友"，它将会向人们展示更加迷人的一面。

第五章　不同文体的语用教学策略

《义务教育语文课程标准（2011年版）》关注到了文体，给出了这样的信息和定位：

在"阶段目标"中提出：

第一学段：阅读浅近的童话、寓言、故事；诵读儿歌、儿童诗和浅近的古诗；能较完整地讲述小故事，能简要讲述自己感兴趣的见闻。

第二学段：能复述叙事性作品的大意；诵读优秀诗文；能清楚明白地讲述见闻，说出自己的感受和想法；讲述故事力求具体生动；能不拘形式地写下自己的见闻、感受和想象；能写简短的书信、便条。

第三学段：阅读叙事性作品了解事件梗概，能简单描述印象最深的场景、人物、细节，说出自己的喜爱、憎恶、崇敬、向往、同情等感受；阅读诗歌，大体把握诗意，想象诗歌描述的情境，体会作品的情感。阅读说明性文章，能抓住要点，了解文章的说明方法；能写简单的记实作文和想象作文，内容具体，感情真实。

由此可见，小学三个学段中均包含着隐性的文体阅读要求。从学会阅读儿童文学类作品，到学会阅读以记叙文、说明文为主的实用性文体，进而学会阅读诗歌、小说、散文等文学作品。

小学语文统编教材以《义务教育语文课程标准（2011年版）》为依据，在选文上注重文体的多样性，体裁类型丰富多样，兼顾诗歌、说明文、散文、童话、寓言、小说等多种文学体裁，旨在语文阅读教学中培养学生的文体意识。

自觉的文体意识不是单纯地具备某种文体知识，而是一种综合性语文素养。培养学生的文体意识，不仅要让学生清楚文体知识，更重要的是在语文实践中与体验、感悟、理解等语文素养相互链接、交叉、渗透，这样形成的文体意识才能更好地帮助学生阅读、写作和表达交际。

首先，识体而读，为的是研判课文的价值。文本的文体不同，教学的核心价值和目标定位就不一样。比如，小说教学需要关注"故事情节"和"人物形象"；诗歌教学的重点应是"意境"和"情感"；说明文教学以欣赏、学习"说明方法"和"精准的语言"为主；议论文教学则重在把握"主要观点"和"论证结构"等。如果漠视文体的区别，所有的文章都用一种方式去解读，用一种模式组织教学，比如读老舍的《养花》，用读说明文的眼光来领会，情趣便没有了；用童话的方式来解读说明文《太阳》，不知会读出什么来。因此，着眼于文体特点，可以让我们更加准确地研判课文的教学价值，确定教学目标。

其次，适体而教，为的是教学策略的适切。当下的语文课阅读教学中，老师们普遍使用"创设情境—整体感知—语言学习—拓展延伸"的教学模式。这种无视文体特点的做法，是造成语文教学千课一面的原因之一。其实，文体不同，写法必然不同。写法决定教法，教学方法理当有所区别。强调文体特征的关键是根据文体的不同，采取适宜的教学方法和策略。因此，在关注共同的阅读规律之外，我们应更多地将视线集中在文体本身的突出特点上，并采取与该文本相适切的教学手段和策略。

最后，适体而练，为的是语言训练的有效。不同的文体具有不同的语言风格特点，其表现方法和语言形式总会受到文体的制约或张扬，而同一种语言表达形式在不同文体中的作用也不一样。强调文体特征的目的，应以文体特点为指向，实现语言学习的针对性、有效性和最优化。

自觉的文体意识是一种综合性语文素养的体现。这样形成的文体意识才能更好地帮助学生阅读、写作和表达交际。因此，在关注共同的阅读规律之外，我们应该更多地以文体特点为指向，采取与该文体相适切的教学手段和策略，实现语言学习的针对性、有效性和最优化。让课堂模式建构从单向思维中走出来，让语文课堂呈现丰富多彩、百花齐放的美丽图景。

一、诗歌的语用教学策略

不学诗，无以言。诗歌中艺术形象的塑造、意境的营造，以及情感的传达，都要借助语言。这就需要我们引领学生在读诗的过程中，关注诗歌语言的特点，以熏陶语言、敏锐语感，有意识地提升自己语言的高雅、简洁、纯正。

（一）在反复吟诵中帮助学生感悟诗歌

诗歌读来抑扬顿挫，具有音乐的美感。格律诗整齐，具有对称之美，平仄韵律带来一种朗朗上口的节奏之美；现代诗则在形式上更加自由，语序排列往往出人意料，内在情绪变化具有跌宕起伏之美；儿童诗明朗欢快，抒发童稚之心。这些美感只有动之以口，诵之于声，才能领会于心。

无论哪个学段的诗歌教学要求中都突出了"诵读"这种方法。"书读百遍，其义自见"，诗歌教学，离不开读。因此，在传统诗歌教学中，诗歌经常需要拿来诵读、吟咏，也就是要通过美读这条途径，读出情感美，读出节奏美，二者兼有，就能读出诗歌的韵味美。也就是要让学生逐渐感受到：诗歌的声调抑扬，非朗读不足以体会到铿锵之声、音乐之美，诗歌声韵之美；非朗读不足以表达其音韵之美；诗歌讲究节奏与对称，非朗读不足以感受其朗朗上口、悦耳动听的魅力。

朗读诗歌时应充分运用引读、范读、听录音模仿读等方式帮助学生理解诗句意思，体悟诗中情感。从朗读层次来说，第一是读通，可以先让学生自由练读诗歌，然后教师示范读。也可以播放录音或者让读得比较好的学生来展示，以达到读通诗歌、读好停顿与节奏的目的。第二是读懂，借助注释，以及学生已有的阅读经验，结合相关资料，用想象画面等方式引导学生进入诗的意境之中，读明白诗中的景物或人情，从整体上把握诗歌大意。第三是读好，在师生对读、生生合作读、配乐展示读等多种形式的诵读活动中，把在诗中读出的内容、读懂的感受表达出来，达成有感情地朗读的目标，同时达到熟读成诵、积累语言的目的。

学习《浪淘沙（其一）》，指导学生读前两句"九曲黄河万里沙，浪淘风簸自天涯"时，需要把语速放缓，语调沉稳而有力，读出黄河九曲的绵长曲折之感和挟沙带浪的气势；读第三句"如今直上银河去"，节奏可稍微加快，语调转向激昂，表现出诗人欲直上九霄的气概；第四句"直到牵牛织女家"再转向平缓悠长，读出其中的憧憬之感。

朗读《寻隐者不遇》这首诗，需要深刻透彻地把握作品的内容，关注诗人情感的变化。诗人不辞辛苦地来拜访隐者，在与童子的问答中，心情起了怎样的变化？"松下问童子"——作者心情轻快，满怀希望；"言师采药去"——时机不巧，作者心有失望；"只在此山中"——忽现转机，作者又萌生了一线希望；"云深不知处"——面对结果，作者只有心生感叹了。只有明白了情绪的变化，才会产生语音的变化，读起来才更有节奏和韵律。

艾青先生的诗歌《绿》中，"突然一阵风／好像舞蹈教练在指挥／所有的绿就整齐地／按照节拍飘动在一起……"这一小节，春风是春的使者，温暖的春风不但吹绿了自然，也吹到了作者的心中，让作者感觉所有的"绿"都飘动了起来。引导学生走进作者的内心，有感情地朗读，在朗读中体会"绿"的动态美，从而进一步感受诗人对"绿"的喜爱与赞美。

儿童诗的朗读则要形式多样，突出明快、欢乐、有趣的特点，让学生在愉快的氛围中感受儿童诗的魅力，形成积累。

学习《树之歌》，可以创设朗读情境，以一问一答的方式引领学生读诗。

师：小猴子要带我们走进森林了，你们看一排排树木像一个个士兵一样高大、挺拔地站在我们面前。

师：咦！什么树高？

生：杨树高。

师：什么树壮？

生：榕树壮。

师：谁的树叶像手掌？

生：梧桐树叶像手掌。

师：什么树四季披绿装？

生：松柏四季披绿装。

师：什么树秋天叶儿红？

生：枫树秋天叶儿红。

师：是谁喜暖在南方？

生：木棉喜暖在南方。

师：是谁耐寒守北疆？

生：桦树耐寒守北疆。

师：谁被称为活化石？

生：银杏水杉活化石。

师：什么开花满院香？

生：金桂开花满院香。

这样的朗读，让学生兴趣盎然。落实了低年级阅读教学目标中"喜欢阅读，感受阅读乐趣"的目标。

（二）在想象画面中引发学生思考

诗歌篇幅短小而内容丰富，我们要引导学生充分了解诗中意境，诗句的言外之意，这需要发挥学生的想象力。利用诗歌作为一个起点，去联想、补充和创造，以构设想象中的图画。正像古人所说："不著一字，尽得风流"。

1.想象与表演

阅读诗歌，需要将诗中的"象"通过想象与联想，与学生已有的经验进行联结，把"象"转化为一个个可观、可感、可亲、可近的图像、图画，进行想象与表演。

《送元二使安西》中，抓住"渭城朝雨浥轻尘，客舍青青柳色新"的诗句，先让学生用自己的话对这两句诗的场景进行描述，将其具象化为一个现实生活中能看到的场景：或是小雨中更显绿色盎然的森林小道，或是朦胧烟雨中尤其明显的绿树和建筑。再让学生分别扮演诗人王维和好朋友元二，呈现二人依依不舍的送别场景："老朋友元二今天从渭城出发，去千里之外的西域当差。恰巧天公作美，今日清晨下起了绵绵细雨，滋润了道路两旁的青青柳树。平日里，这条人来人往的大道上车水马龙，现在一场小雨刚停，天气晴朗，仿佛是上天特意为朋友安排的一样。也不枉我特意赶来为君送行呀。来，干了这一杯吧，出了阳关，此行一去，不知何日才能再相见，这份情怎能让人割舍得下呢？劝君更尽一杯酒，西出阳关无故人。"

2.联想和讲述

联想与讲述是一种链接诗歌、作者与读者的有效策略。通过联想与讲述，学生在自我的心智中完成着"象"的再造，构建着具有自我色彩的诗歌图景。

叶绍翁的《游园不值》中"小扣柴扉久不开"一句给学生创造了想象的空间："为什么敲不开门呢？"让学生设想诗人敲不开门的原因是什么呢？是外出了呢？还是在院子里干活时没听到敲门声呢？接着学习"一枝红杏出墙来"一句，引导学生思考想象："为什么只看到一枝红杏？院子里还有什么景色？"学生根据生活经验，逐一想象，说出院子里的景色：生长茂盛的蔬菜，开满花朵的果树，花间还有蜻蜓和蝴蝶的身影，一片春意盎然的景色。这是"一枝红杏出墙来"引发的思考,由点到面,由一枝杏花想象出了满园春色。在对生活经历的回顾中,学生重拾往日生活的精彩片段,更好地感悟诗歌的意境。

《秋江的晚上》是第一篇呈现给学生的现代诗歌。诗人把自己置于旁观者的地位,帮助学生在头脑中营造出美丽的秋江晚景图:秋日傍晚,江面上夕晖不断变换着色彩,一群鸟儿凌江飞渡,驮着淡淡的斜阳,疲倦地归来。这是一幅绚丽多姿、令人难忘的倦鸟归巢图。之后继续启发学生思考:鸟儿倦了,可它们为什么还要驮着斜阳归来呢?引导学生阅读重点诗句:鸟儿"双翅一翻,把斜阳掉在江上,头白的芦苇,也妆成一瞬的红颜了"。原来,鸟儿不顾疲劳驮着斜阳归来,是为了要装点江河,为万物增添生机,让江河更加光彩夺目,更加美丽。

现代诗《白桦》,以白桦为中心意象,从不同角度描写它的美。满身的雪花、雪绣的花边、洁白的流苏。在朝霞里晶莹闪亮,披银霜,绽花穗,亭亭玉立,表现出一种高洁之美。诗中的白桦树,既具色彩的变化,又富动态的美感。引导学生发挥想象,脑海中形成白桦挺拔、高洁的形象,同时引发学生思考:诗人为什么对白桦情有独钟呢?白桦高洁、挺拔,它是什么的象征?体现出作者怎样的情感?在读诗的过程中,引导学生逐渐深入地体会到白桦是高尚人格的象征,诗人借白桦来表达对拥有白桦品质的人的尊敬。

诗歌学习的关键就是要想象画面,能见整体之诗境。需要通过抓关键字、借助资料、朗读等方式,给学生搭建想象画面的支架,再通过朗读来表现这种画面感。这样,诗歌之境才能"活起来",学生才能眼中有色,耳中有声,心中有情。

(三)在反复揣摩中敏锐学生语感

语感是对语言文字最直接的感觉,主要通过对古诗词语言的反复推敲揣摩,对诗歌语言咬文嚼字的体验,让学生对语言的感觉变得敏锐。

教学《书湖阴先生壁》时,可以抓住"将绿绕""送青来"等词句,让学生感受"排闼"这一拟人式写景的巧妙之处,即暗含了院外两山相对的态势,又赋予了青山动感;再结合"送"字,体会仿佛自然环境对居于此地的人都表现出了友好亲近的态度。之后,引导学生从环境联想到居住在这样环境中的人,体会居所主人的生活品位与情趣,进而感受作者对湖阴先生品格、性情的欣赏之情。再引导学生在朗读中感受诗歌在结构上的特点:"一水"与"两山","护田"与"排闼","将绿绕"与"送青来",是两两相对的,再进一步引导学生联系旧知,说说类似的诗句,如"两个黄鹂鸣翠柳,一行白鹭上青天"等,体会古诗词对仗之美。

学习《花牛歌》这首诗,可以引导学生逐小节阅读,抓住第一小节花牛在休息时,"压扁了一穗剪秋罗",感受花牛的无拘无束;第二小节从花牛在草地上睡觉时"白云霸占了半个天"。由"霸占"一词感受花牛与自然融为一体、无拘无束;第三小节花牛甩着尾巴走在草地上"小尾巴甩得滴溜溜",这个动作令我们感受到了花牛的自由自在和快乐;第四小节"夕阳西下,花牛在草地上睡觉。太阳偷渡了西山的青峰"中,"做梦"和"偷渡"是拟人修辞,"做梦"可以梦到很多东西,"偷渡"则给人神秘之感,指太阳悄悄地落山了,说明时间过得很快,这两处拟人写法的句子给了我们无限的想象空间。我们可以设想:也许花牛在梦中有美味的青草,有蛐蛐的琴声,有傍晚的阳光……

(四)在情境创设中培养学生语用能力

学习诗歌,传承中华优秀传统文化,最好的方式不再是流利地背诵和正确地默写,而是当你看到眼前落叶缤纷、层林尽染的美景,你能情不自禁地想到"红叶似火""层林尽染"等词语,亦或你会吟出"几行红叶树,无数夕阳山""霜叶红于二月花"这样的诗句来表达自己的心情。而能创编出类似"天赐风韵红似火,经霜秋色灿若霞""又是满山红叶时,满城尽带黄金叶""骄阳红似火,秋叶染金黄"的诗句,就是我们追求的语言文字运用的高境界吧!

于是,让传统文化为学生所用,让古代的、现代的、儿童的诗句与现代的学生生活融在一起,成为生活的一部分,表达我们在特定情境下的感受,使生活更有色彩,是我们对诗歌的无限追求!

1.在生活情境中运用诗句

诗歌教学中,对诗歌的积累背诵不能是机械的记忆,而应创设真实的生活情境,在情境中积累运用,真正内化到学生的记忆中。

比如:朋友老李就要出国定居了。这一别,再要见面就难了,作为朋友,此时你最想对老李说:"_____";相隔这么远,你担心失去老李这个朋友,老李劝慰你说:"_____";老李对我诉说了对今后前途的担忧,我用高适的诗句"_____"来劝慰他……时间飞快，转眼间，老李出国快半年了，恰逢中秋，老李非常思念家乡的亲人，他给我发来信息，说："＿＿＿＿＿＿＿"……

在这样的情境下，学生将一组送别诗、思乡诗深刻地留在记忆中，真正地内化于心。在实践中运用诗歌中的名言佳句，提升学生语言的含金量。

2.在诗歌情境中改编故事

根据古诗情境把古诗改写成小故事，既是对诗歌意境的深入理解，也是以诗歌影响学生的文格，让学生的文字变得诗意起来。

学生学习《江畔独步寻花》之后，弄清楚了诗的大体含义，脑海中出现了那一幅姹紫嫣红的画面，将整首古诗改写成一个小故事。

"春天到啦，春姑娘回来啦，看，通往黄四娘家的小路上，开满了五颜六色的鲜花，它们以迷人的芬芳，妖娆的丰姿，招来了许多小蜜蜂、小蝴蝶。它们翩翩起舞，一会儿落在花的海洋中，和花儿谈谈心；一会儿又飞起盘旋，和花儿嬉戏。小巧玲珑、漂亮的黄莺也在花丛中跳来跳去，唱起了优美动听的歌。大师人杜甫看到这仙境般的景色，也不禁心旷神怡，赞叹道："黄四娘家的花真是名不虚传，美不胜收啊！""

3.在诗歌语境中仿写诗句

诗歌的语言既是鉴赏品评的对象，积累运用的成品，同时也是模仿创作的样品。教学儿童诗时，教师要敏锐地发现文本中需要学生想象的节点处，鼓励与启发学生大胆想象。要引领学生通过学习文本，品读关键词，发现诗意语言的美，在尝试仿说仿写的过程中，创造性地运用语言。

《听听，秋的声音》这首儿童诗中，秋的声音实在太丰富、太美妙了，学生结合自己的生活实际，仿照着课文第一、二小节的样子用"听听，秋的声音……"这样的句式，写出了自己听到的"秋的声音"：

听听，秋的声音，稻海翻起波浪，"哗啦"，是它们欢快的歌声。

听听，秋的声音，秋雨落在地上，"滴答"，是秋雨正在弹琴。

听听，秋的声音，黄叶纷纷落下，"呼呼"，秋风弟弟吹起口哨报告冬的来临。

学习了《树之歌》，学生在老师的引导下发现了这首儿歌的语言特点，接着去欣赏森林里的其他树木，仿写出新的《树之歌》：

桂花香，桃花粉，柳树枝条长又长。

椰树高，柏树矮，柿树秋天挂灯笼。

　　　　　棕榈喜暖在南方，银杏未老叶先黄，
　　　　　槐树开花飘四方，梅树冬季笑开颜。

4.生活情境中创编诗句

《义务教育语文课程标准（2011年版）》指出：在发展学生语言能力的同时，发展思维能力，激发想象力和创造潜能。课本提供的儿童诗内容是有限的，而儿童的想象力是无限的。课本中儿童诗最大的作用莫过于唤醒孩子的"诗性"，让孩子把自己的所见、所闻、所思用文字进行表达。

学了《树之歌》后，学生根据自己选择的主题进行联想，提问，查阅资料，写出了《花之歌》：

　　　　　桃花红，梨花白，牵牛花儿像喇叭。
　　　　　桂花秋天味儿香，月季四季披红装。
　　　　　玫瑰喜暖在南边，腊梅耐寒守北方。
　　　　　牡丹芍药真富贵，金莲开花满池芳。

诗人金波说："儿童的诗是朵朴素的小花，沿着这朵小花可以找到一座花园。"身为小学语文教师，我们在儿童诗课堂上应努力营造诗意情境，激发学生的诗心，鼓励学生反复诵读优秀的儿童诗，积淀语言，并尝试进行创作，在进行语言实践的过程中带领学生走向更美的花园。

二、童话的语用教学策略

童话是最为美好的一种文学体裁。在小学语文教材里的童话作品富有情趣，深得童心。但我们不能简单地把它作为故事讲解，也不能仅仅让学生明白故事背后的生活常识或人生道理。应根据学生的年段需要，有效选择教学策略，循序渐进地进行听说读写能力的训练，发展学生言语能力。

（一）创设情境，体验童话乐趣

童话教学的重点在于培养阅读兴趣，助推儿童丰富的想象力，使学生和故事人物产生共鸣，释放活跃的想象力，获得如游戏般的快乐体验。童话文体教学的重要途径就是教学情境的创设。

1.听故事激活情趣

低年级的孩子喜欢听故事，以有趣的情境作为故事的开始，能激发学生的阅读兴趣，使他们很快走进文本。更激活学生的心灵，拉近他们与童话人物的距离。

教学《会走路的树》这篇童话，老师首先播放了春天早晨树林的美丽画面，并深情描述："多么美丽的树林啊！看，一只小鸟儿正站在枝头欣赏呢！"这样的画面，这样的描述，一下子将学生带进了课文描绘的情境中。教师接着描述："突然，小鸟看见一棵金色的小树在树林里走来走去，小鸟会怎么想呀？"这疑问开启了童心，孩子们饶有兴致地在猜测中感受小鸟的好奇，迫不及待地进入文本去寻找答案。

2.观察插图激活情趣

低年级的童话大都配有生动、活泼的插图，这些插图以具体生动的形象，展现给学生五彩缤纷的世界，唤起学生内在的审美情感。在教学中，我们要充分利用插图，图文结合，发挥学生的想象，从而更准确地理解故事语言，把握童话中的艺术形象。

《小白兔和小灰兔》一文中有几幅插图，连起来正好反映的是整篇童话故事的内容。先引导学生仔细地看书中的插图，说说图上画了什么？小白兔和小灰兔都是怎么做的？后来他们都有白菜吃了吗？由于这些插图就是一个个故事情节的再现，所以学生会说得非常生动。紧接着让学生图文对照读课文、讲故事，看课文是怎样写的。由图像信息转化为文字符号，对激活学生读书兴趣、理解课文内容、提高表达能力是很有帮助的。

3.利用动画激活情趣

生动美好的动感画面更能吸引孩子的注意力，不知不觉中就使学生进入童话故事的情境中。

学习《小蜗牛》一课，教师利用多媒体创设情境，依次出现小蜗牛采集春草、摘草莓、采蘑菇、冬天到了等内容，将不同的故事场景串联成一个小视频，后面还可以播放蜗牛爬行的动态视频。以动画的形式将小蜗牛的故事演绎出来，学生通过直观观看，了解文本内容，感受文本主题，从而提升课堂的效果，激发学生想象力。

（二）角色朗读，感悟童话语言

低年级的童话，富于音乐美。学生在有感情朗读课文时，就是在慢慢进入童话的情境，把自己的理解融入读中，就是在读中体会童话的主题。

统编教材十分重视对学生朗读的要求。如"对照图画，读一读课文"，这是"对照图画读"——以图画引领对故事内容的把握；《小公鸡和小鸭子》的课后习题要求"朗读课文,读好小公鸡和小鸭子的对话"——这是引发学生读好"对话",对"对话"写法的注意和感受;《树和喜鹊》中,"朗读课文,想一想树和喜鹊后来为什么很快乐。"——这是通过朗读,借助故事语境学习思维推断;《要下雨了》一文则要求"朗读课文,说说故事里有哪些动物,再分角色读一读。"——首次出现"分角色朗读"的要求,引发学生对故事角色的关注;《咕咚来了》中"朗读课文,说说动物们为什么跟着兔子一起跑,野牛是怎么做的。"——这是引发学生通过朗读,关注具体描写的首次训练。这样的编排意图,突出了朗读在童话教学中的重要地位。

童话故事大多采用第三人称的叙述方式,分角色朗读时,要指导学生分清角色,知道"我"是谁,"我"可以怎么办。角色定位后,可以根据提示语及标点符号来指导朗读,也可以结合词句理解来对比朗读。《要下雨了》中"燕子为什么飞得这么低呀?"和"小鱼为什么今天有空儿出来呀?"要读出问话的语气,这是小白兔对燕子低飞、小鱼游出水面的不理解;"要下雨了吗?"要读出疑问的语气,从中体会小白兔对燕子说的话表示怀疑;"是要下雨了,我们正忙着搬家呢。"这一句要用非常肯定的语气来读,让学生在读中明白,蚂蚁搬家不是小兔告诉的,而是蚂蚁事先就知道了;"大雨真的下起来了"中的"真的"要加强语气来读,证明小燕子、小鱼和蚂蚁说的话没有错……通过朗读,让学生明白小白兔一系列的思想变化,从怀疑到半信半疑,再到完全相信的过程。老师以读助讲,学生以读助学。在帮助学生读中理解课文内容的同时,培养了学生的朗读能力,突破了教学难点。

指导学生朗读《小壁虎借尾巴》一课时,可以播放"小壁虎借尾巴"的无声动画片,让学生分别扮演小壁虎、小鱼、老牛、燕子等角色给动画片配音。学生进入角色朗读,有时候能呈现出独特的体验,比如,老牛的话一定要声音低沉,语调缓慢地读吗?有的学生认为,老牛被蝇子叮咬出大包,感觉身上很痒,心里又气,应该用有些急切的语气读。这是学生以自身的感受来体验角色的心情。这种独特的生活经验,我们是要尤其尊重的。

中年级教材中童话的内涵更深刻。教学中需引导学生通过联系自己的生活经验,品味文中的词句,从整体上把握童话主题,在朗读中感受人物情感。

《在牛肚子里旅行》一文中,红头和青头的对话较多,要指导学生充分理解对话内容，分角色朗读，体会人物的心情，读出相应的语气。读文中两个人物"青头"和"红头"的对话，语气是不同的。读红头的话，要体现出从紧张、害怕、绝望到感激的心情变化。读"救命啊！救命啊！红头拼命地叫起来"一句时，语速要稍快一些，表现出红头的慌张；读"'可是你说这些对我有什么用呢？'红头悲哀地说"时，语速要慢，语气要低沉，将红头的悲哀读出来；"我被牛吃了……正在它的嘴里……救命啊！救命啊！"省略号表示话语的停顿，要读得断断续续，读出红头绝望的心情。读青头的话呢，要读出它从着急、惊讶到镇定、沉着的心情变化过程。"……青头急忙问"中"急忙"表明青头此时很着急，读时语速要稍微快一些；读"青头大吃一惊……"这段话可引导学生从"一下子""不顾""一骨碌"感受青头对红头的关爱；"红头！不要怕，你会出来的。"是青头对红头的鼓励，表明青头此时的心情是镇定的，要读出青头坚定的、鼓励的语气；青头在给红头讲解关于牛胃的知识，简洁、清晰，同样表明了它的沉着，朗读时语速要适中，吐字要清楚，以表现青头的镇定。

对对话如此丰富的这些语段，老师可引导学生联系自己的生活经验，品味文中的词句，采取多种形式指导学生练习朗读。在有感情地朗读中把握童话主题，感受人物情感。

（三）表演实践，感悟童话主题

童话故事大多是按事情发展顺序叙述的，不少童话在叙述过程中会使用反复的修辞手法，也就是相同的情节和语言往往稍加变动反复出现，便于学生阅读、记忆、讲述，进行讲故事、演绎故事的练习。

《蜘蛛开店》课文后有一幅简洁的思维导图，每条"线路图"上只有两个词，分别提示的是"卖什么"和"谁来买"。可利用这个思维导图引导学生发现故事中相似的情节，感受三段式的反复结构，进而梳理片段的情节线。

如何指导学生把故事情节说得更完整、更生动呢？

比如"蜘蛛卖口罩给河马"这个片段。首先，请同学们从课文中找出这个片段的内容（2—4自然段），画一画这部分的情节线："为什么卖口罩—怎么写招牌—顾客是谁—怎么编织"；根据几个提示问题，再概括几个关键词："编织简单—只需一元钱—大嘴巴的河马—整整一天。"通过讨论，大家都发现"大嘴巴"和"整整一天"是很重要的信息。因为每位顾客有如此明显的特点，才有"蜘蛛开店"的戏剧效果。理清了情节线和关键词，请学生练讲这个片段，能讲得比较完整了。

此时，再让他们合上书本，继续参照这个情节线，练习说第二个片段——"蜘蛛卖围巾给长颈鹿"。这一次练说，在说清楚故事主要情节的基础上，再让他们想一想："故事的哪处情节是你觉得最有意思、印象最深的？"大家都说是"蜘蛛看到顾客，竟然是长颈鹿"这个情节，因为读到这里，都会哈哈大笑。

这个片段中，故事的戏剧冲突达到了最高潮。学生讲到这个情节时，就可以"添油加醋"，让听故事的人笑起来。比如，蜘蛛看到长颈鹿，会是什么反应？

有的学生说："吓得下巴都要掉下来了！"

有的说："蜘蛛一看，差点都要晕过去了！"

还有的说："蜘蛛嘴巴张得都能吞下一只大虫子了！"

再继续引导学生思考：蜘蛛为什么还给长颈鹿织了围巾呢？可以想象一个过渡的情节。

有的学生说："蜘蛛想，好不容易开了店，我还是坚持一下吧。"

有的说："蜘蛛本来不想给长颈鹿织围巾，但想到顾客就是上帝，不织就没有诚信了。"多有趣呀！越夸张，故事就越有趣。

"蜘蛛织得都要累晕了……蜘蛛的丝都吐完了，最后走路都像踩在棉花上一样……蜘蛛织完围巾，喘气的力气都没有了……"

这个片段，说得越来越精彩了。训练做扎实，进步就能很明显。

一个童话故事，就是一个有趣的童话剧。小学生喜欢用身体和语言表达自己对童话故事的理解。在童话角色的扮演过程中，自然而然地就会主动地寻求对课文内容的理解，对角色心理状态的把握。他们会认真地读课文，深入研究课文内容，分配好角色，甚至可以增加角色，还要在熟读的基础上准备好"台词"，更需要同学之间排练、互相配合。表演童话剧，使学生在不知不觉中走进童话世界，成为童话中的一员，体验童话形象之美，使故事语言、情节、主题得以内化。这种真实的体验是一般的阅读学习活动所不能达到的。

（四）写悟结合，感悟童话创作

童话使孩子们的想象插上翅膀。因为童话类文本本身就充满了想象的空间，述说故事的语言更是充满灵性和想象的空间。通过编童话故事，让学生生活在童话里，想象在童话里。

1.仿写，童话创作的叩门砖

低年级的童话写作应是简单的，能反映出真情实感的，主要是培养写话的兴趣。利用教材中一些语言生动流畅、段落结构相似的故事，引导学生快乐阅读，让他们展开想象，学着其中的并列段式进行同结构段式的仿写，为孩子们叩开步入童话创作之路的大门。

《小壁虎借尾巴》一课，仿写课文片段："小壁虎跟小鱼、老牛、燕子没有借到尾巴，它还可能向谁借尾巴呢？"有的同学想到了"小松鼠"，就很有意思："小壁虎爬呀爬，爬到一棵松树下。它看见松鼠在树上竖起尾巴跳来跳去。小壁虎说：'松鼠哥哥，您的尾巴借给我行吗？'松鼠说：'不行呀，我落地的时候，要用尾巴当降落伞呢。'"

2.续编，童话创作的铺路石

利用一些内容上可进一步延伸拓展的故事，让学生在趣味阅读的基础上，充分发挥想象，激发孩子的创作冲动，创造续编童话的机会。

《胡萝卜先生的长胡子》一课处于"预测"单元，课文有意隐去了故事后面部分情节，让学生一边读一边预测，既可以预测鸟太太的做法，也可以预测胡萝卜先生还会遇到谁，他用长胡子还可以做什么，还可以就故事后续的发展展开想象，继续编故事。

3.创编，童话创作的大本营

有了仿编、续编的基础，要着手让学生进行多形式的童话创编，寻找适合孩子创编的材料，变化童话创编的形式，比如：看图创编、根据情境创编、词语搭桥创编、听音乐创编、摆弄玩具创编、联系生活创编等。可以激活孩子创作兴趣，放飞幻想的翅膀，并热情地给予鼓励，也让孩子的童话创作之路走得更加轻松快乐。

统编教材三年级上册第三单元的习作要求，就是要学生发挥想象，编童话、写童话。教材第一部分提出了编童话的习作任务，并呈现了"国王、黄昏、厨房"三组词语，分别提示角色、时间、地点。其中角色的词语指向人、动物、植物，符合童话故事中万物都可以像人一样活动和思考的特点，时间的词语指向一天中的某个时间段、某一天、某个季节，提示学生故事发生的时间有多样的可能，地点的词语指向家里、公共场所、大自然，提示学生故事发生的地点，也可以放开来想象。此外，这些词语也可以自由交叉组合，形成多样的故事情境，如"啄木鸟、星期天、厨房"。这样编排是为了尽可能多角度地为学生提供素材，便于学生展开想象，打开创编童话的思路，产生习作兴趣。

三、寓言的语用教学策略

寓言，是通过一个生动的小故事，告诉人们一个深刻道理的文学体裁。它短小精悍，凝聚着古代人民的聪明智慧，代表着中华优秀民族文化的价值取向，是中华传统文化的瑰宝。

寓言的最终目的在于"以理服人"，因此具有寓意于言的教育性；寓言常以比喻、夸张、拟人等表现手法虚构出一个故事，表现手法上具有艺术性；寓言的语言夸张但又独具幽默讽刺意味，言语风格具有生动性。

根据寓言的文体特点及教学价值所在，遴选多种教学策略，在教学中强化实践与运用已经成为老师们的共识。

（一）讲述故事

寓言是一种形象与寓意相结合的文学体裁。要让学生在寓言故事中尽情游历和成长，组织寓言故事的讲述是很好的教学策略。

1.分角色朗读故事

依照教材对寓言故事教学"朗读课文"或是"分角色朗读课文"的要求，加强学生对寓言故事的朗读指导，对描绘部分，要读得生动形象，通过有声语言把描写的景物等展现在听者面前；描写细腻之处，要从容，留出间隙，让听者有接受的时间；对话部分，可以读得比口语夸张，但不能刻意去学那些动物的声音或样子，免得冲淡了作品的思想性，只要读出逼真的语调即可。

《鹬蚌相争》这则故事篇幅短小，读好"鹬和蚌"的对话，是阅读的重点和难点。可以利用多种阅读方式，逐层指导，逐步突破这一难点。如先找一两个学生读一读，其他学生评价，当学生评出"很有语气"时，教师追问："什么语气？"学生回答出："鹬生气，蚌毫不示弱"的语气。接着教师进一步启发：请你想象鹬和蚌相争时的样子再练一练。学生能够抓住一些重点词表达情感，如咬牙切齿地读出"今天、明天、饿死、干死"等重点词语。最后，老师进一步点拨："想想我们平时生气时是这样说话吗？"学生顿悟，立刻变换语速、语调，有的还能融入表情、动作，真正进入文本情境，读出自己的体验，读出真情实感。

2.复述故事

复述课文作为一个非常重要的教学策略，首先是由寓言本身故事性强、情节简单、篇幅短小的特点决定的。学生复述故事，是把握故事主要内容的方法。复述不是背诵，而是用自己的话和课文中学过的主要词句，把课文内容有条理地叙述出来。它是课文内容、语言、情感的内化、重组和表达的过程，复述时可以采用书本中的语言，也可以用自己的语言，但要有故事的味道。

复述故事时，要先理解课文内容。读课文时，必须读懂内容，抓住中心；然后要把握课文脉络，掌握作者的写作思路、课文的段落结构，这样，复述时才能做到有条理；最后，要注意复述的要求。因为复述的方式一般有三种：详细复述、简要复述和创造性复述。详细复述，要求复述时的内容顺序、段落层次、重点部分以及情节发展应与原文一致；简要复述，则要注意抓住主要内容，删去课文中一些描述性文字，把人物对话和设问句改为陈述语气，比如可以简单到只把每段段意自然连接就可以了；创造性复述，则要在原文基础上发挥想像，重新加以组织，譬如改变人称、改变叙述顺序、合理扩充故事情节等。

3.表演故事

教材对寓言的教学提出了"演一演"的明确要求，那些能突出表现力的、能玩起来的、对学生有吸引力的寓言故事，都适合表演。

低年级学生喜欢表演，简单表演用以激发学生学习语文的兴趣。而在中高年级，表演的要求应更上一个层次。不是简单地把故事内容再现一下，而是结合具体的寓言故事，开发学生的想象能力，指导学生在原有故事的基础上进一步深化主题写好剧本，给人物定好语言，指导学生应有怎样的动作、表情等。

《狐假虎威》这则寓言可组织学生合作表演，让学生演出"狐狸"的大摇大摆，演出"老虎"的东张西望，演出"小动物们"的撒腿就跑。学生在表演中自然了解了内容，进入了故事情境。学习《鹬蚌相争》，可以组织学生表演鹬和蚌相争的活动，让学生在体验中领会到双方争执不下，结果两败俱伤，反而让第三方得利的道理。也可以穿越时空，创设苏代进谏、劝告赵王的情境："假如你就是苏代，现在要朝见赵王，用这个故事说服赵王放弃攻打燕国的想法，你打算怎么劝告赵王？"让学生扮演苏代和赵王，演一演"苏代进谏，赵王采纳"的故事。

多种方法讲述故事，可引领学生感受故事中蕴含的道理，领会寓言故事的章法、结构等方面的语言形式特点，以提高学生的语言文字运用能力。

（二）读写链接

教材中的寓言故事仅仅是为学生打开阅读寓言的一扇窗户。教学中适当进行寓言故事的读写延伸，对拓展学生人生经验、形成阅读经验，都有积极的作用。

1.语境中迁移练习

教学中，我们可以结合语境设计合适的迁移练习。如《画龙点睛》这则寓言在文末提到"游客们惊叹不已"，我们可以引导学生说一说，游客们会惊叹些什么？并提醒学生用上文中描写龙的词语，实现对词语的迁移活用。又比如学习《守株待兔》一课，在引导学生理解"窜"这个词语的时候，老师引导学生："谁能说说，你注意到这只野兔是怎样从树林里跑出来的？"学生有的说："野兔飞快地从树林里跑出来。"有的说："野兔向闪电一样从树林里跑出来。"还有的说："野兔慌慌张张地从树林里跑出来。"老师接着小结道："孩子们，像刚才大家说的那样，飞快地、慌乱地、没有方向地跑就是我们课文里所说的'窜'。"学生在这样的情境下理解了字词的含义，同时也调动积累，练习了表达。

2.续写寓言故事

有的寓言故事只讲故事，没有明说道理，在结尾处言已尽而意无穷，故事的结局或人物的命运或作品的寓意给读者留下了广阔的想象空间，我们可以根据这一特点设计教学环节，让学生充分发挥想象力，写下有可能发生的故事结局，这个结局不要求统一规范，而要发挥学生的个性想象。

比如《坐井观天》的结尾这样写道："小鸟也笑了，说：'不信，你跳出井口来看一看吧！'"请同学们想象续写："青蛙鼓足勇气，真的从井底跳了出来，它看见什么了？又发生什么故事了？"有的同学想象出青蛙看到外面的世界后欣喜万分，投身到大自然的怀抱里；有的想象到青蛙与小鸟的再一次对话，它固步自封，又回到井里的结局；还有的同学想象青蛙和小鸟成为好朋友，共同去周游世界，等等。

3.仿写寓言故事

寓言故事语言凝练、生动，深受学生们喜爱。抓住寓言故事语言的特点，引导学生仿写故事，对于培养学生的表达能力很有益处。《坐井观天》《狐狸和乌鸦》《南辕北辙》等课文中对话都非常丰富，人物之间几次对话，层层深入。不妨引导学生设计出几个人物，小鸟、乌龟、老虎、花猫等，指导学生写几句生活中最能体现人物特点的对话来，对话中如果能含有一定的道理就更好了。

4.改写寓言故事

根据寓言故事深刻的教育性，角色少、形象夸张可笑的特征，可以对寓言故事进行改写。比如，利用寓言的多面性在故事中增加角色，给人以更大的教育。或是对自己喜爱的寓言进行再加工，以其为材料或者为故事大纲，扩写成小说或者其他体裁。看看谁最有想象力。

比如对《狐假虎威》的改写，孩子们写道："小动物看见大家纷纷逃走时，一头老牛来了，它建议老虎在旁边观看，让狐狸自己向前走，结果老虎恍然大悟。"

5.编写寓言故事

孩子们想象力丰富，通过大量阅读寓言故事，对故事的形式和写法是有初步感性认识的，这些都为编写寓言故事打下良好的基础。我们要引导学生做生活的有心人，注意观察生活、勤于思考生活，试着把自己的心得体会用寓言故事的形式表达出来。可以写人物故事，也可以写动植物的故事。看看谁写得生动、形象、有情趣。

《坐井观天》一课，教师引导学生续写当青蛙跳出井口后发生的故事。有的学生写青蛙感慨自己见识少；有的学生写青蛙意识到小鸟的话是对的，要善于听取别人的意见；还有的学生写跳出井口的青蛙处处遇到危险，无奈又再次跳回井里……创设续写情境，能很好地促进学生语言能力的发展。

（三）对接生活

《义务教育语文课程标准（2022年版）》在"整本书阅读"中提出："阅读中国古今寓言、中国神话传说等，学习其中蕴含的中华智慧，口头或书面分享自己获得的启示。"

寓言蕴藏着深刻的人生哲理。学习寓言故事时，学生在阅读中对故事内容有了了解，此时，学生联系生活实际，必然会对故事中的人物有自己的看法，对故事的寓意有自己的体会。此时，可以让学生说出自己的理解，对人物、寓意进行评价。

比如学习《刻舟求剑》这则寓言，让学生判断一下生活中有没有类似《刻舟求剑》中的人或者事；学习《坐井观天》，能说出青蛙和小鸟争论的问题是什么；学习《寒号鸟》，能说出喜鹊住在温暖的窝里，寒号鸟却冻死了的原因；能说出生活中有没有见过喜鹊或寒号鸟这样的人，说说他的故事；学习《我要的是葫芦》能说出种葫芦的人想要葫芦，最后一个也没得到的原因。

以《拔苗助长》一课为例，让学生想一想："农夫看到枯死的禾苗莫名其妙，你们能告诉他问题出在哪里吗？"学生纷纷发表自己的见解，有的说："我要告诉他，禾苗需要缓慢地长大。"有的说："这样的事情是不能急的，你把禾苗拔高，根就断了，它会吸不到水的。"还有的说："我们帮助禾苗，应该用正确的方法，不能违背它的规律。"老师接着引导学生："那在我们生活中有这种'揠苗助长'的例子吗？"这下，学生的发言更积极了，说出了"让孩子报各种速成班学习就是拔苗助长"。"让孩子吃各种高营养的补品也是拔苗助长"等观点。可见，寓言的道理已经深入到学生的心中。

四、神话的语用教学策略

神话故事充满神奇的幻想，是借助想象征服自然力，支配自然力，把自然力加以形象化的艺术形式。神话故事以"神"为主人公，他们的超凡力量、神异能力，给儿童以崇拜、向往的心里期待；神话对于宇宙万物的诞生给予了极富创造力的想象，使儿童打量世界的目光中多了一道神奇、温暖的光芒。

神话类课文的语用点藏在精妙传神的字词中、有特色的句子里、多样化的修辞手法里、典型的段式结构中。这就需要我们发挥语用点的功用，摸索语言形式规律，获得语言表达智慧，丰富语感图式，达成语文素养和语文能力的持续提升。

（一）把握神话的主要内容

统编小学语文教材在四年级上册安排了神话单元，本单元的语文要素是"了解故事的起因、经过、结果,学习把握文章的主要内容"。教材围绕该要素进行了精心编排:《盘古开天地》要求学生讲盘古开天地的过程;《普罗米修斯》要求学生按照起因、经过、结果的顺序,讲一讲普罗米修斯"盗"火的故事;《女娲补天》则要求学生在默读课文后能说出故事的起因、经过和结果。

1.借助插图梳理主要内容

统编教材给神话故事配以精美的插图。这些插图不仅可以激发学生的阅读兴趣,还能帮助学生梳理课文主要内容,理解文本内容。

《盘古开天地》一课的插图以连环画的形式描绘了盘古"开天辟地"的过程。学习这一课,可在读准字音、读通课文的基础上,让学生看看文中的连环画一共由几幅图组成,说说每幅图画了什么,再让学生自读课文,找出与图画对应的段落。在学生交流的基础上进行梳理、规整,初步理清课文依次写了盘古在混沌中沉睡、盘古开天辟地、盘古撑住天地以及盘古化为万物等内容。

2.串联人物和事件梳理主要内容

当学生把故事读成几个人物和几个事件的时候,大家就会发现,原来作者就是这样把人物和他们之间发生的事情串起来,一步步铺设台阶,把故事讲清楚、讲完整的。

学习《普罗米修斯》一课,首先,引导学生找到文中人物——天神普罗米修斯、众神领袖宙斯、火神赫菲斯托斯、大力神赫拉克勒斯,指导学生读好众神的名字。然后想一想他们之间都发生了什么事?普罗米修斯做了什么呢?——拿取火种,这就引发了他和宙斯之间的冲突,故事又如何发展呢?宙斯又派火神去做了什么?最后结果呢?通过示意图和关键词语梳理神与神之间的关系,让学生先根据人物关系去说,再进一步把原因补进去;把不重要的信息简单化,帮助学生把主要内容说得简明扼要。

3.把事情的起因、经过、结果串联起来

神话是叙事性作品,按照事情的发展顺序进行叙述。可引导学生分别找找故事的起因、经过、结果,再用简练的语言把三部分内容串联起来说一说,从而初步把握神话故事的主要内容。既培养学生快速捕捉语言文字信息的能力,又使学生对全文有整体把握。

《普罗米修斯》一课,故事的起因是普罗米修斯不忍看到人类没有火的悲惨生活，决心拿取火种；在说经过的时候，可以通过回答问题"普罗米修斯拿取了火种为自己带来了什么"整体感知课文经过部分。读了课文之后，学生可能会表达普罗米修斯拿取了火种，带来了人类对他的感激；带来了火神对他的敬佩；带来了宙斯对他最严厉的惩罚……于是，就有了故事的结果：普罗米修斯拿取了火种，也带来了大力士赫拉克勒斯对他的支持与同情，他解救了普罗米修斯，使普罗米修斯终于获得了自由。

（二）品词析句，感受神奇的想象

在引导学生梳理主要内容的基础上，我们还要对神话中的重点词句进行品读，边读边想象画面，勾画出自己认为神奇的地方。

《盘古开天地》这篇神话就要求学生"边读边想象画面，交流故事中神奇的地方"。教学时，可按照插图的顺序，先引导学生感受天地未分开之前的神奇状态。然后引导学生联系上下文感受宇宙"混沌"像个"大鸡蛋"，里面"黑乎乎一片"，再引导学生对比现实中天地的清朗和辽阔，交流自己的体会，感受神奇的景象。在学习"盘古撑住天地"这部分内容时，抓住"随着它们的变化而变化""跟着长高""像一根柱子"等词句展开交流。学生通过朗读，想象盘古在撑起天地的过程中身体发生的神奇变化。再启发学生联系生活经验，读出"风、云、太阳、月亮、江河、雨露"带给我们的美好感受。最后启发学生模仿课文中"他的……变成了……"的句式，描绘自己想象到的画面。

（三）交流触动自己的情节，感受人物形象

阅读神话，从一幕幕离奇的情节中，我们还能感受到故事中鲜明的人物形象。在"盘古开天地"的过程中，感受盘古伟岸挺拔和无私奉献的形象；在阅读"填海"的过程中，感受精卫坚韧执着的个性；用交流故事中打动自己的情节的方式，感受普罗米修斯为人类幸福不畏强暴、勇敢坚毅的美好品格；在想象女娲"拣石补天"的过程中，感受女娲不怕困难、甘于奉献的品质……

《盘古开天地》的课后练习要求"边读边想象画面，说说你心目中的盘古是怎样的"。引导学生借助重点词句，交流对盘古的感受。学生能抓住"盘古醒来后先'拿起斧头，对着眼前的黑暗劈过去'"想象画面，感受巨人盘古的力大无比、勇于开创的形象；抓住"天地分开后盘古'头顶天，脚踏地'，为了不让天地重新合拢，盘古'就像一根柱子，撑在天和地之

间'"这样的语句想象画面，感受盘古顶天立地的英雄形象；抓住"天地成形，盘古倒下后，'他的身体发生了巨大的变化'。他呼出的气息变成了四季的风和飘动的云……"等句子，想象盘古的身体发生的巨大变化，体会盘古勇于献身的精神。

学习《精卫填海》一课，引导学生交流讨论，说说精卫给自己留下的印象。教师可以在学生谈对精卫的认识时进行点拨深化。如：学生谈到精卫在浩大无边的大海上用树枝和石子来填塞东海，感受到精卫的决心非常大时，教师可进一步启发：仅仅有决心够吗？想一想，渺小的精卫长年累月叼树枝和石子填塞无边的大海，更需要什么？从而让学生感受到精卫的坚韧和执着。

（四）多种方法，讲好神话故事

口耳相传是神话传播最初也是最本真的方式。所以，讲好神话故事应该成为神话教学的重点。

1.借助插图讲好神话故事

神话故事多配有精美的插图。《精卫填海》的课文插图生动形象，左上角是一只羽翼鲜艳、白喙赤足的精卫鸟，它嘴里叼着石子，正振翅高飞；下方和左上方是滔天巨浪。面对汹涌澎湃的东海，精卫目光坚毅，毫无畏惧。讲述时，要关注插图中精卫的动作、飞翔的姿态和大海的汹涌澎湃等。还可以根据课文内容，展开想象，想象海上环境的多变、精卫在填塞过程中的种种困难等，把故事内容讲清楚。

2.抓住重点字词，讲好神话故事

在学习神话的过程中，要引导学生借助重点词句了解故事的经过，讲好神话故事。

学习《夸父追日》时，可以引导学生找出每一自然段的关键词，也是能概括全段的中心词。学生在第1自然段找到"又高又大"这个词语，因为"第一段中交代了他是一个巨人，而且后面也有提到他有大长腿、有巨大的手臂，他倒下去的时候像一座山一样"。学生还找到了"好心"这个词语，因为"夸父想去追赶太阳，把它抓住，叫它固定在天上，让大地永远充满光明"。这样，学生不仅找到了关键词，还把夸父追日的原因说具体了。

3.编制人物关系网讲好神话故事

有些神话传说故事人物繁多，关系复杂，情节曲折，不妨引导学生初读感知故事后，编制一张人物关系网，帮助理清脉络，整体把握故事。

如《普罗米修斯》中，除了主人公天神普罗米修斯，还涉及了不少希腊之神，有太阳神阿波罗、众神领袖宙斯、大力神赫拉克勒斯等，可以引导学生通过名片制作，编制一张人物关系网，理清他们之间的关系，故事情节也迎刃而解。可以打破故事原有的叙述顺序，进行综合性地复述。这样的语用实践非常有助于培养学生的逻辑思维和整合表达能力。

4.充分发挥想象，创编神话故事

通过想象，学生可以感受神话的神奇之处；通过想象，学生可以感受神话中的人物形象；通过想象，学生也可以把神话故事讲得生动、精彩。

《女娲补天》中有"发挥自己的想象，试着把女娲求雨浇灭天火的过程说具体、说生动"的要求，需要教师引导学生进行二次想象来进行创编。

课文中女娲从各地拣来五色石头的过程，课文只写了一句话"女娲先从各地拣来赤、青、黄、白、黑五种颜色的石头"，这句话既是后面情节发展的铺垫，也是表现女娲形象的重要内容。教学时，可以先联系下文，让学生知道只有用五种颜色的石头一起熔炼成的石浆才能补好天，赤、青、黄、白、黑五种颜色的石头缺一不可，引导学生围绕"拣五种颜色石头的困难"展开想象：联系第2自然段的内容，想象找石子的路上女娲会遇到哪些困难，如路途遥远、洪水肆虐、野兽攻击等；再联系第3自然段，想象她会怎么面对这些困难，比如，她日夜寻找、不顾自身的安危等；还可以围绕"拣齐五种颜色的石头"展开想象：五种颜色的石头可能在哪些不同的地方？如果只拣到了四种，还缺一种怎么办？引导学生在充分的想象、创编过程中把故事讲好，进一步感受女娲不怕困难、不怕危险、意志坚定、甘于奉献的美好形象。

（五）积累词句，表达运用

神话是适合讲的故事，语言生动，具有浓烈的生活气息。其中的词句很值得学生积累并尝试运用。

如学习《盘古开天地》时，联系学生在运动会上赛跑、拔河或野外登山等生活经验，运用"精疲力竭"；播放江河奔腾的视频，运用"奔流不息"。还可以做由词语拓展到人物或故事的练习，比如：开天辟地、火眼金睛、点石成金、百步穿杨、三头六臂、眼观六路、耳听八方、刀枪不入。

首先，让学生朗读词语，把词语读准确。然后，再引导学生具体说说由词语想到的人物或故事。如：由"三头六臂"想到了《西游记》中的哪吒："当听到八戒说自己是妖精时，哪吒勃然大怒，随即变出'三头六臂'，六只手分别拿着六件兵器，朝八戒打去。"学生说完后，可集体交流，互相补充。最后，还可以创设语境，引导学生尝试运用词语。如：①在学校举行的"爱心义卖"活动中，为了卖出更多的物品来筹得爱心基金，我们班同学（　　　），想出了很多办法来招揽顾客。②起先，我还信心满满地答应妈妈要自己打扫房间。可一看到那么多的杂物，我有点儿犯愁了，就算有（　　　），一下子也忙不完啊！

在神话教学中，教师还要引导学生进行语言形式的迁移练习。如在学习《盘古开天地》第3自然段时，先创设话题，引领学生领悟文本的表达特点：总分的构段特点以及句式的特点：他的（　　　），变成了（　　　）的（　　　）。然后，安排仿句练习：他的身体发生了巨大的变化：他的（　　　），变成（　　　）的（　　　）。

在课文语境中进行言语实践、仿写言说，感受神话的魅力后，还可以将语用训练迁移到课外，用课文的言语范例表现生活的场景，达到运用的效果。在《女娲补天》中，抓住了课文第1自然段中的总分结构特点，让学生调动生活经验模仿这样的结构抓住总起句进行仿写："天哪，太＿＿＿＿了！＿＿＿＿，＿＿＿＿。"学生调动自己的经验，抓住生活中的某一感受写具体、写生动，将文本中的言语形式内化于心。

神话教学就是要将儿童的自言自语引发为课堂上的对话或争辩，再现神话的真实情境，让想象展开翅膀，在儿童的心里、在儿童的语言里张扬。

五、散文的语用教学策略

选入小学统编语文教材的散文无不语言优美，洋溢着诗情画意。把握情理之间那一份情趣或理趣，展示的是观察与活泼的想象，是健全的心灵发乎天然的好奇。散文的这些特点，决定了散文教学必须在"言""意""情"上下功夫。

（一）品词析句，感受散文的语言美

让学生体会文中情景交融的意境，开拓其审美联想和想象能力，首先要引导学生品析文中极富艺术表现力的词语，比较、赏析、揣摩、体味祖国语

言的丰富内涵和无穷魅力，不断地提高学生对语言的感受能力。

学习《丁香结》一课，可以引导学生抓住生动的描写感受美。如："有的庭院里探出半树银妆，星星般的小花缀满枝头，从墙上窥着行人，惹得人走过了还要回头望。"可以引导学生交流："这里把花儿写成什么？你是从哪些词语看出来的？"启发学生抓住"星星""窥"等关键词，体会丁香花的小巧、色泽明亮、像孩童般活泼灵动。

又如："每到春来，伏案时抬头便看见。檐前积雪，雪色映进窗来，香气直透毫端。"引导学生联系上下文，想想"积雪"指的是什么，是怎么看出来的？还可以补充诗句，"遥知不是雪，为有暗香来"，体会作者写丁香与王安石写梅花有异曲同工之妙。

再如："那十字小白花，那样小，却不显得单薄，许多小花形成一簇，许多簇花开满一树，遮掩着我的窗，照耀着我的文思和梦想。"

这一句，可以先引导学生朗读句子，说画面，体会作者描写的简洁传神，再想想作者是按什么顺序描写花儿的。是从哪些词语中发现的？最后让学生谈谈丁香对作者的影响。这个问题答案是开放的：可能是花的芳香，驰骋了作者的想象；也可能是月下丁香莹白生辉的美丽形象，增益了作者的文思。可以引导学生展开想象，大胆表达。

（二）反复朗读，体悟散文的情感美

散文隐含性、抒情性的特点，使得它非常适合朗读。通过声音把书面的字词转化为具有抒情性的有声语言，将外在的字词与散文的精神内核相联系，相融通。从而走进作者的内心世界，去关注作者情感的流露和内心的独白，于字里行间感受蕴含于其中的深厚情感。

在散文教学中，要指导学生在读的过程中细腻地感受语句背后蕴含的情感色彩，通过朗读的轻重、快慢、起伏，把散文的情感画面表现出来。通过朗读这座桥梁，直接把读者和作者的内心连通。

《鸟的天堂》这篇课文通过描写两次来到大榕树的所见，表达了对大自然的无限热爱与赞美。

第一次去"鸟的天堂"，看到是几株大榕树的错觉，文中有个句子："我们的船渐渐逼近榕树了。我有机会看清它的真面目，真是一株大树，枝干的数目不可计数。"这句话中"真是一株大树"怎样读才算正确？重音应该放在哪儿呢？有的学生会说重音应该放在"真是"上，还有的学生看到

"大"字认为重音应该放在"大"字上。很明显，学生对课文上下文的理解并不到位。所以教师在这里就应该引导学生，阅读前面的句子："在一个地方，河面变窄了。一簇簇树叶伸到水面上。树叶真绿得可爱。那是许多株茂盛的榕树，看不出主干在什么地方。当我说许多株榕树的时候，朋友们马上纠正我的错误。一个朋友说那里只有一株榕树，另一个朋友说是两株。我见过不少榕树，这样大的还是第一次看见。"再联系后面的句子："有许多根直垂到地上，伸进泥土里。一部分树枝垂到水面，从远处看，就像一株大树卧在水面上。"经过对比，明白了这句话的背景，学生会恍然大悟，重音应该放在"一株"上。在这里，"许多株""两株"都是错误的。同学们对课文的朗读到位了，对这棵榕树"大"的体会也就更深了。

接着，在划船途中，抓住"三只桨有规律地在水里划，那声音就像一支乐曲"体会作者内心的愉快；当没看到鸟后失望、迷惑，"鸟的天堂里没有一只鸟，我不禁这样想。"这是作者明写想法暗写心情，读出从"猜测"到"肯定"的语气；然后一步步船到树下，树进眼中，作者不禁对大榕树发出由衷的赞美："那么多的绿叶，一簇堆在另一簇上面，不留一点缝隙……"此时，应引导学生拉长声音读"那么多"，突出绿叶之多；重读"堆"，突出绿叶的层层叠叠、挨挨挤挤；响亮地读出"明亮""照耀""颤动"等词语，让人感觉到大榕树旺盛的生命力。

第二次去看大榕树的时候，要引导学生抓住"起初""后来""接着"等词语体会从静到动，朗读时要由慢到快；后面，鸟儿由少到多的变化过程，通过"到处""处处"感受鸟的热闹；"大的""小的""花的""黑的""有的……有的……有的……"感受鸟的多和自由；通过画眉鸟的鸣叫，感受鸟的快乐；"静寂"要读得轻一些，"忽然"声音要略高，突出看见鸟儿的惊喜；读"我们把手一拍，便看见一只大鸟飞了起来。接着又看见第二只，第三只。我们继续拍掌，树上就变得热闹了，到处都是鸟声，到处都是鸟影。大的，小的，花的，黑的，有的站在树枝上叫，有的飞起来，有的在扑翅膀。"读这些句子时，可以配上拍手和一只一只点数的手势朗读；读"大的""小的""花的""黑的"时，语调应有高低起伏的变化，读出轻快的节奏，突出鸟儿的自由和欢乐，体会景物的动态美；接下来引导学生朗读体会：当被大榕树生命力所倾倒和被群鸟的欢乐所感染时，作者直接抒情："这美丽的南国的树！""那歌声真好听！"前面的间接抒情对后面的直接抒情又给予衬托铺垫，使结尾的抒情显得异常强烈，震撼人心："那鸟的天堂的确是鸟的天堂啊！"

学生借助关键词句，在朗读中真正感受到了作者的情感，与作者的情感产生共鸣，这棵大榕树美好的形象也深深地印在学生的脑海中。

（三）想象画面，感悟散文的意境美

没有想象便没有散文的意境。想象越丰富，则意象越鲜明；想象越活跃，则感情越深挚，越是物我两忘。因此，在散文教学过程中，我们应引导学生想象，自然而真切地感受到散文如画的意境。

《白鹭》一课的结尾处说"它在瞭望"，它真的是在瞭望吗？这句话可引起学生思考："白鹭登高到底是在干什么呢？如果给它一个特写镜头，你会看到什么？"学生想象着画面，进入情境之中："白鹭或许在领略清新美好的晨光。""它或许在选择理想的活动场所。""或许白鹭深情地凝视着远方，它正等待远出未归的同伴，它在心中呼唤：'亲爱的朋友，你快回来吧！'"教师接着学生的发言小结："白鹭的美让人浮想联翩，它静思的姿态如充满智慧的哲人，它是在眺望，是在盼归，是在等待。它是在欣赏绚烂的朝霞，是在呼吸清新的气息……在这样的情境渲染下，学生与作者产生共鸣，对白鹭的喜爱更加深沉。

（四）仿说续写，感悟散文的写法美

散文的表现手法不拘一格，可以叙述事件发展，可以描写人物形象，可以托物抒情，可以发表议论，而且作者可以根据内容的需要自由调整，随意变化。抓住散文写作上的独特之处，我们可以指导学生进行仿说、仿写、续写感受等练习。

《四季之美》这篇课文，在写春天黎明时分的天空时，作者善于捕捉景致瞬间微妙的动态变化，用"鱼肚白""红晕""红紫红紫"，写出了天空颜色的变化，用"泛""染""飘"等动词和"一点儿一点儿""微微的"等叠词，写出了天空颜色变化的过程；描写夏夜萤火虫飞舞的情景，用"翩翩起舞"和"闪着朦胧的微光"等词语，写出了萤火虫飞舞时的迷人景色；描写秋天黄昏时分的景致。写归鸦"急急匆匆地朝巢里飞去"和大雁"比翼而飞"的情景，赋予"归雁"以情感，画面具有动态感。其中"夕阳斜照""夕阳西沉""夜幕降临"等词语形象地写出了太阳落山的动态过程；在描写冬天的早晨时，作者仅用"当然美"三个字概括了落雪的早晨，详细

描写了"铺满白霜"或"无雪无霜的早晨,手捧火盆穿过走廊"的场景。"白霜"与"燃烧的炭火",两者一静一动,一白一红,韵味独特。从结构上来说,四个自然段都用"……最美是……"的句式,开头齐齐整整,后文描写则或长或短,错落有致。从用词上说,"微微红""漆黑漆黑""黑蒙蒙""翩翩"等叠词读来朗朗上口,具有音韵美。

弄清楚了文章表达上的特点,先让学生想想自己想写哪一个季节,再将四位同学的作品合在一起,一篇新的《四季之美》便诞生了。

六、民间故事的语用教学策略

民间故事内容浅显易懂,具有人物形象鲜明、语言富有生活气息、情节生动感人,读起来给人温暖和感动的特点。

(一)复述故事,讲出传奇色彩

口语化是民间故事的言语特征,如果没有经过有意识的引导和训练,儿童很难从"讲述"的角度去阅读故事来提高自己的语言文字运用能力,自然也无法欣赏到故事语言特色中的"美",更难以体会民间故事这种口述民间文化的魅力。

民间故事类课文大多篇幅较长,但故事的起因、经过和结果非常明显,是训练学生概括和复述能力的极好范本。

学习《猎人海力布》这篇课文,在学生充分阅读故事后,引导学生把故事分成五个部分,用简单的句子或词语概括第一部分的主要内容"白蛇遇险,搭箭相救",学生再按照这样的范例提炼其他四部分的主要内容:酬谢报恩,获得宝石—鸟口得知,村里告急—力劝离开,村民不听—变成石头,含泪离开。在此基础上,先尝试分部分复述,再让学生按故事发展的顺序把每一部分连起来进行全文复述。从部分到全文,从简单到详细,由容易到复杂,循序渐进,促使学生的复述能力得以提高。

为了使故事更能打动人、吸引人,还可以根据故事情节中的空白点引导学生进行想象和创编,或者加上一些拟声词,配上一些动画音效等,也可以把民间故事讲得有声有色,让人身临其境。学习课文中"半夜里,只听一声震天动地的巨响,大山崩塌了,洪水涌了出来,把他们住的村子淹没了。"为了把夸张的情节讲出味道来,有的学生在"巨响"的后面配音"轰隆隆"，有的在"大山"后面配音"咔嚓嚓"，还有的在"洪水"后面配音"哗啦啦"……这样复述故事，学生身临其境，仿佛在看动画片一样。

（二）缩写故事，简要介绍故事

民间故事的内容一般是比较长的，一般的课文都有三四页。当你读到这样一个比较长的好故事，想把这个故事简要地介绍给别人时，就需要把篇幅较长的课文缩减成几百字的短文，并且还不能把主要内容丢了，这就是缩写。

要想完成缩写故事的任务，首先需要确定故事原来的主线，判断哪些内容必须保留，哪些内容可以删去，不能改变故事的原意。然后，引导学生用上"删""留""缩""合""改"等方法，才能将故事中叙述或说明具体而细致的内容去掉，留下主干，保留强调的分句。

（三）拓展阅读，感悟文化魅力

民间故事蕴含着丰富的文化内涵，是学生了解中华文明和民族历史的重要载体。教师要引导学生进一步拓展阅读，从整体上把握民间故事的文化价值，感受民族文化。

学习《牛郎织女》这篇课文后，推荐学生阅读其他有关牛郎织女的故事，如"牛员外晚年得子""金牛星下凡救金郎""太白金星点化金郎"等内容。学习《猎人海力布》这篇课文，重点引导学生关注海力布"舍己救乡亲"的起源与变化，并出示与这一民间故事有关的诗句、典故，让学生更加全面地理解"个人利益服从集体利益""舍小家顾大家"的大无畏革命英雄主义精神。接着，补充有关"舍小家顾大家"的民间故事，如《廪君和盐水姑娘的故事》《大禹治水》《八仙过海》等，让学生在群文阅读中，探究故事的主题、表达的情感、人物的形象，从整体上把握民间故事所包含的中华民族的文化价值，在此过程中，丰富学生的积累，培养学生的语用能力。

民间故事是"民族文化的活化石"，我们在教学中要引导学生由一篇走向一类，由一篇走向整本书。帮助学生通过"一斑"得以窥见民族文化的基因。

七、说明性文章的语用教学策略

说明性文章是一种实用性很强的文体，它的语言严密、准确。在小学语文课程中，它也同样承担着培养学生阅读的习惯和能力，发展学生的语言，培养语感的任务。

（一）在品味语言中领会说明方法

说明性文章是要精确使用说明方法的文体。教师要引导学生通过抓住一些关键词句进行朗读和品味，自然渗透说明方法。

学习《太阳》这篇说明文，在理解"太阳很大"这个特点时，老师引导学生在交流中自然地进行说明方法的学习。

生：我是从"我们看到太阳，觉得它并不大，实际上它大得很，约一百三十万个地球的体积才能抵得上一个太阳。"这句话知道的。

师：我注意到你把"一百三十万个""一个"这两个数字读得很重，这是为什么呢？

生：因为这两个数字准确地写出了太阳的大，同时也比较了太阳和地球的大小，让我们感觉到它真的是很大的。

师：也就是说作者是用具体的数字来说明太阳"大"这个特点的，又和地球进行了对比，给我们留下了深刻的印象，对吧？你知道吗？这种说明方法分别叫作列数字和做比较。

随着年级的升高，学生对说明方法的体悟不应局限在概念的感知，而要紧扣文章的内容，引导学生体验说明方法对于文章表达效果的提升起到的作用。

《鲸》这篇说明文在第一自然段集中笔力说明"鲸很大"这个特点。为了说明这个特点，作者在这里综合运用多种说明方法。教学时，教师要引导学生思考：如果把文中"我国发现过一头近四万公斤重的鲸，约十七米长，一条舌头就有十几头大肥猪那么重。它要是张开嘴，人站在它嘴里，举起手来还摸不到它的上颚。四个人围着桌子，坐在它的嘴里看书，还显得宽敞"这些语句去掉，与原文表达效果会有什么区别？学生在对比中发现，这样写，不仅仅是要告诉读者"鲸很大"，更是通过一次次强调，让这个特点一次次撞击读者的内心，能让我们感受到说明方法在说明事物特点时的独特作用。

（二）在比照辨析中感悟语言的精确严谨

说明性文章的语言表达严密准确，常常一字之差就会影响表达的效果，是锤炼学生语言表达的有效范本。教师需引导学生在诵读品味中进行比较辨析，增强学生对词语的敏感度，逐步提升学生的语用能力。

《花钟》这一课语言表达特点鲜明，同样是写花开了，作者却用各种不同的言语方式进行表达：牵牛花"吹起了紫色的小喇叭"；蔷薇"绽开了笑脸"；睡莲"从梦中醒来"；万寿菊"欣然怒放"；月光花"舒展开自己的花瓣"；昙花"含笑一现"。不重复是这段文字最大的特点，学生在反复朗读中，想象各种花开的样子，真正感悟到了作者用词的准确，也将这些词语真正积累下来。

《花钟》的最后一段："一位植物学家曾把不同时间开放的花种在一起，把花圃修建得像钟面一样，组成花的时钟。这些花在二十四小时内陆续开放。""陆续"一词也是体现文章语言准确的亮点。引导学生先理解什么是"陆续"，然后尝试把这个词语去掉，和原句进行比较。经过比较，学生一致认为，这些花不是同一时间开放的，所以去掉"陆续"显然不准确。

这样，学生对作者在表达时用词的准确性有了进一步的了解和认识。在对比辨析中，学生不仅理解了词语的意思，对说明文在表达方面准确严谨的特点了然于心。

（三）在梳理内容中领悟布局谋篇的技巧

说明性文章具有条理清楚的特点，一般按照时间顺序、空间顺序、逻辑顺序来安排内容。我们需要用多种形式对说明文的结构层次进行分析梳理，感悟说明性文章布局谋篇清晰、严谨的特点。

梳理说明文的结构层次，首先要理解题目，像《太阳》《松鼠》《鲸》《风向袋的制作》这样的文章就直接告诉我们文章要说明的对象是什么，题目本身就是文章的中心。了解文章的中心后，就会有全局观念。接下来，从整体入手，把握文章要说明的对象是什么，抓住被说明事物的特征。比如事物的结构造型、形态大小，变化快慢、功能作用等方面。然后逐段概括出要点，再用"同类合并"的方法，把全文划分为相对独立的几部分，概括出每部分的大意，把每部分的大意依次连缀起来，就能比较清楚地显示出全文的说明顺序了。

比如教学《太阳》一课，可以引导学生借助思维导图理清文章的结构。

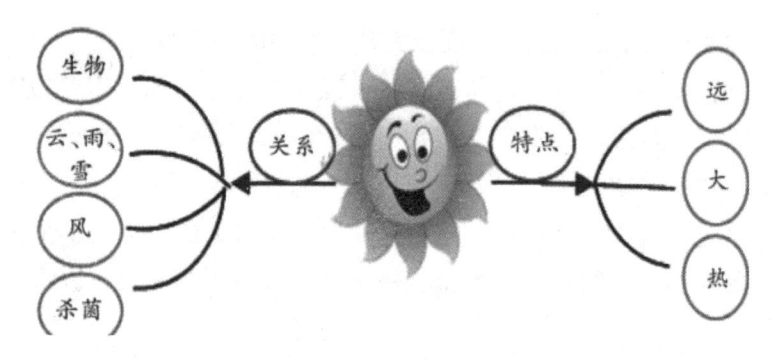

《太阳》一课的思维导图

而《松鼠》一课先用一句话简明、准确地说明松鼠是怎样的一种小动物，"很讨人喜欢"是文章的中心句，贯穿全文；承接上文，第二部分（第2自然段）具体描述松鼠的面容、身体、四肢、尾巴和吃食的样子，说明松鼠"漂亮"这个特点；第三部分（第3自然段），从松鼠机灵的动作和生活习性，写出它是一种活泼、有趣、驯良的小动物，加深了"讨人喜欢"的印象；第四部分（第4、5自然段），第一层（第4自然段），写松鼠乖巧的习性。介绍松鼠过水的动作、不冬眠、十分警觉、跑跳轻快、叫声响亮的特点。第二层（第5自然段），写松鼠搭窝的方法。描述搭窝的先后次序和一系列复杂的动作以及窝口的设计，生动地表明松鼠的灵性；第五部分（最后一段），写松鼠的多产，毛的色泽，肉、毛、皮的用处，说明它有较高的经济价值，补充了"讨人喜欢"的内容。

（四）在多维训练中促进语用能力的提升

说明性文体教学，情理相偕共成趣。说明性文章可以不用板着脸孔，说明性文章的语用教学也是如此。

1.图文结合练口语表达

说明性文章主要是介绍事物特点或说明道理的。针对这些事物或道理，老师可以出示图片，一方面帮助学生理解事物的特点，一方面也可以和说明性文章中的文字相结合，进一步理解文本内容，练习表达。

在执教说明性文章《鲸》时，老师根据课文内容出示了三组不同的图片，让学生在细致观察下对图片进行辨认。

第一组图片：两条鲸张大嘴巴，一张有锋利的牙齿，一张没有牙齿。学生指出鲸的两种不同类型，一张是须鲸，一张是齿鲸。再根据课文内容分别得出结论的理由：没有牙齿的是须鲸，有锋利牙齿的是齿鲸。

第二组图片：出示鲸喷水时的两种水柱，一种是垂直的，又高又细；一种是倾斜的，又矮又粗。让学生根据水柱的形状来辨认哪是须鲸，哪是齿鲸，再说出判断依据。

第三组图片：出示小鱼小虾、乌贼、大鱼等海洋动物的图片，让学生帮助须鲸和齿鲸分派食物，学生需要到课文中去认真阅读描写鲸吃食物这一段，然后给须鲸和虎鲸分派食物，同时说出这样分的依据。

学生述说理由、依据的过程源于对课文中知识的提取和理解。

学生辨认的过程就是他们阅读文本、理解文本、吸收信息的过程。在整个过程中，学生潜心阅读，借助文字进行辨认，学生历经了自身观察、文字探寻、理解辨析的语言论证过程，对文本语言形成了有效的悦纳与吸收，深切地体悟到了说明性文体的基本特点。

2.模仿运用中学习准确的表达

对说明性文章的学习，不仅要对说明性文章的特点有感悟，同时还要能学以致用。比如用基本的说明方法去说明一个事物，由一段话的训练逐步过渡到一篇习作。

（1）说明方法的运用练习

学习《鲸》这篇课文后，学生已经初步掌握了用一些说明方法来介绍事物。这时候，老师可以出示有关鲸的其他资料，比如：鲸的耳垢显示鲸鱼的年龄；鲸的尾巴都有其独特的特征；鲸的叫声是怎样的等。让学生用上一些说明方法，用一段话介绍鲸的一个特点。这样做的好处在于，练习没有脱离课文内容，自然而然地激发起学生进一步探究知识的愿望，并学以致用，对说明方法掌握得更加熟练。

通过练习，学生已经掌握了一些说明方法，也了解到说明性文章篇章结构的特点。在课的最后，老师可以出示四张大熊猫的图片，有觅食的、有休息的、有活动的、有玩耍的，同时配以资料袋，让学生当堂练习：为"国宝大熊猫"写一段解说词，用上作比较、列数字、举例子等说明方法。写好后，张贴在班级"动物世界观察员"专栏中。这样的做法，由课内拓展到课外，使学生的习作能力循序渐进地得到提高。

（2）准确语言的运用练习

说明性文章在表达上具有准确、严密的特点。教学这类文章要注重体会词句的运用，并从段的理解出发感受说明文结构上的条理性，进行仿说、仿

165

写的练习。

《花钟》这篇课文的第1自然段列举了不同时间开放的九种花，表达花开的词语各不相同，但都结合了花的特点，词语运用准确生动，给读者留下了深刻的印象。学习这一段时，可以先出示下面句子：

"凌晨四点，牵牛花开了；五点左右，蔷薇开了；七点睡莲开了；中午十二点左右，午时花开了；下午三点万寿菊开了；傍晚六点，烟草花开了；七点左右，月光花开了；晚上八点，夜来香开了；九点左右，昙花儿开了。"

接下来，让学生将这段话与原文进行比较，说说自己的感受。学生很容易就会发现，句子中"开了"一词用的太多了，显得太单调了，一点儿也不美。

请学生反复朗读这一段，引导学生发现：

①牵牛花怎样开放呢？牵牛花"吹起了紫色的小喇叭"，这样的语言描述符合牵牛花外形的特点吗？

②睡莲怎样开放呢？它"从梦中醒来"，这个描述与睡莲这个名字有关吗？

③万寿菊开花时什么样？花瓣全都打开，开得特别繁茂，所以是"欣然怒放"。

④月光花在七点左右"舒展开自己的花瓣"，给你怎样的感觉？七点左右正是夜晚，月光花在月光下静静地绽放，多么优雅、娴静啊！

⑤人们都说"昙花一现"，因此有了昙花在九点左右"含笑一现"吧！

学生如果能在老师的引导下悟出这些文字背后的内容，那就真的感受到这些语言描述的精准、恰切了。

最后，老师出示另外一些花的图片和句子：

蛇麻花大约在凌晨三点钟首先开花；淡雅的蒲公英大约在早晨五时开花；伯利恒之星大约在十一时左右开花，博得了"十一点公主"的美誉；紫茉莉大约在十七点开花；待宵花大约在二十点钟开花。

老师提供了五种花儿的开放时间，让学生学着课文的样子把"开花"换一个词。学生很快说出了"蛇麻花大约在凌晨三点钟独展丰姿。""紫茉莉大约在下午五点花蕾初绽，吐出迷人的芳香。"的句子。

3.实际运用中练创意表达

教学说明性文章，教师可以创设有趣的情境，让学生在情境中产生一吐为快的欲望；布置有趣的作业练习让学生兴致勃勃地参与进来，使得说明性文体教学也能情理相偕共成趣。

学习《鲸》的第2自然段，说一说鲸是怎样进化的？请把自己当作鲸，给同组同学说一说你的进化过程。或者创设这样的情境：小鲤鱼要参加海洋鱼类的游泳比赛，它拉着鲸一起参加。鲸说自己不是鱼类，不能参加比赛。小鲤鱼不相信，于是鲸耐心地给小鲤鱼介绍起来："我们鲸在很远古的时代和牛羊一样，生活在陆地上。后来环境发生了变化，就生活在了靠近陆地的浅海里。又经过了很长时间，我们的前肢和尾巴渐渐变成了鳍，后肢完全退化，就成了现在的样子，适应了海里的生活。所以我们并不是鱼，而是哺乳动物。"

还可以创设这样的表达情境："假如我国捕获的那头四万公斤重的鲸被运送到这里，陈列在动物园里，来观看的游人络绎不绝。你能根据今天学到的知识，以及平时看到的知识，给他们当一回解说员吗？"

课的结尾处，老师可以进一步拓展：通过学习，我们对鲸已经有了一些了解。其实，我们人类对鲸还有许多地方不够了解，这些都等待着同学们去探索。请同学们去收集资料，以"鲸的自述"为题，围绕一方面内容写一篇短文。

或者这样设计指向语用的"说"的板块：①假如你是一条鲸，你会怎样介绍自己的外形？②假如你是鲸鱼保护组织的成员，你会怎样介绍鲸鱼的生存繁衍？③假如你是游轮上的导游，你会怎样向游客介绍鲸鱼喷水表演？不同的身份、视角，让学生从不同的方面进行说话练习，介绍的过程其实就是对课文说明方法的迁移运用过程，这样为学生的习作提供了言语表达的储备和思维支撑。

这样，就由课内迁移到了课外，就由学习迁移到了实践，学生就在这样的练习中进一步掌握了说明性文章的文体特点，并能初步地进行运用了。

八、小说的语用教学策略

小说以塑造人物形象为中心，通过展现故事情节，运用各种叙事方式，描绘具体环境来反映社会生活，使读者在审美愉悦中获得教益。我们寻找小说这种文体的语用教学策略，应当结合课标的要求，关注其中的如"复述""梗概""描述""领悟""品味"等词语。

（一）把握情节，讲述故事

阅读小说，在学生眼里，还是阅读一个完整的故事，有开头，有发生，有发展和结尾。所以小说的阅读教学，要引导学生进行小说的复述。读完小说，对小说的叙述内容内化理解，把握情节结构，能够大概地说出小说的梗概。对学生而言，最简易的情节结构就是开端、发展、高潮、结尾、结局。

比如学习《草船借箭》这篇课文，可以先让学生说说，是谁去草船借箭？又是谁让他去借箭？进而引导学生再读课文，并在文中找出相应的段落和语句，说说为什么诸葛亮要草船借箭，他是怎样一步步实施草船借箭的？草船借箭的结果是什么，从而按照事情的发展顺序把故事情节梳理清楚。在此基础上，老师可以引导学生概括每部分的内容，比如：

为什么要草船借箭——因为周瑜对诸葛亮心怀嫉妒，要诸葛亮立下军令状，三天内造好10万支箭。

怎样实施草船借箭——先请鲁肃帮忙准备必要的装备和人员，然后在凌晨时趁着大雾漫天，带领20条扎满草把子的船前往曹军水寨，擂鼓呐喊，吸引曹军放箭，草把子上很快插满了箭。

草船借箭的结果是什么——20条船上的箭总共有十万多支。周瑜得知经过后自叹不如，然后让学生把这些内容串起来，故事的梗概内容就形成了。

（二）补白续写，升华认识

文本的篇幅有限，作者有时在叙述某些故事情节的时候会选择删繁就简，把一些情节掩藏，给读者留下思考的空间。借鉴文学补白理论，我们可以引导学生在小说阅读中进行有关情节的"补白"训练。补写结尾、补写标题、补写开头、补写情节、补写人物描写、补写景物描写等，这些"补白"已有创造的意味，是对小说理解和认识的深化和升华。

《穷人》一课主要运用环境描写和人物的心理描写来突出人物形象。尤其是对桑娜这个人物的心理活动、言行的描写，尤其值得引导学生品读。比如第20自然段的"两个人沉默着"，第23自然段的"桑娜沉默了"，第25自然段"桑娜的一动不动"，3处"沉默"各尽其妙，内涵丰富，可以生成教学内容：引导学生抓文本的空白点，丰富文本。教材在课后安排了小练笔："是啊，是啊，"丈夫喃喃地说，"这天气真是活见鬼，可是有什么办法呢！"两个人沉默了一阵。这里的要求是："沉默中桑娜会想些什么呢？

联系课文内容,写一写桑娜的心理活动。"这个练习由两个部分组成,前面部分是课文内容,后面部分才是练写提示。这就说明,要想写好桑娜会想些什么,就得联系课文内容。通过阅读,我们发现,这是对桑娜的"第一次沉默"进行想象补白。在体味人物语言的基础上,可以让学生把课文第12到第20自然段的对话分角色朗读,联系具体语句来猜想桑娜的心理。让学生分别站在桑娜和渔夫的角度想一想,这第一次沉默,桑娜可能内心正在想:该如何跟丈夫开口,他会不会答应收留孩子,也可能做好了即便他不同意,自己也要设法收留孩子的心理准备。指导学生联系上下文,展开合理想象。最后把桑娜的那份紧张和欲言又止写下来。这里需要注意的是,理解人物形象是写的前提,学生只有理解了人物,才能情动而辞发。

在研读课文过程中,还有很多可以引发学生思考、交流和表达的地方。阅读《穷人》这篇课文,学生关注的主要人物往往是"桑娜""渔夫",而很少去关注文中寥寥数笔描绘的另一个人物——西蒙。事实上,细读第7自然段,我们不难发现,西蒙也是一个了不起的穷人。首先,我们关注到的是同样对比强烈的画面:西蒙悲惨而宁静的死,与孩子们平静而香甜的睡。这个母亲知道自己挨不过这个寒冷的晚上,用自己身上唯一可以取暖的旧头巾、旧衣服盖在孩子的身上。在这穷的背后,藏着深沉朴素的母爱。我们还会关注到"一只苍白僵硬的手像要抓住什么似的,从稻草铺上垂下来"。西蒙在临死的时候想要抓住什么?是抓住命运,抓住希望,抓住上帝的手,求他救救可怜的孩子?这个细节表现了西蒙复杂丰富的内心世界。对自己的死,显然西蒙是有预见的。那么在临死前,她可曾想到把自己的两个可怜的孩子托付给邻居桑娜?这个善良的母亲一定会想到的,一定会,但她没有这样做。因此,西蒙死后的诸多细节描写,可以生成教学内容:引领学生抓住文本中容易被忽略的细节,通过创生语境写话,还原人物丰富复杂的内心世界,丰满人物形象。于是,学生走进西蒙的内心,代替西蒙抒发着自己的内心独白:

生1:上帝啊!请不要带走我……还有两个可怜的孩子……我需要照顾他们。如果我死了……这个家该怎么办呢……希望有人会发现我的孩子……领养他们。

生2:邻居桑娜是个好人……如果她发现我的孩子……一定会照顾好我的孩子……我唯一放不下的就是我这两个孩子呀!

生3：哎，孩子们怎么办？谁来照顾他们呢……可以把他们托付给桑娜一家吗？不……不行……桑娜一家的五个孩子已经让他们忙不过来了……我的孩子虽然不多……只有两个……但也是不小的负担……到底该怎么办呢？
……

小说结尾戛然而止，言已尽而意无穷，让人回味。可以生成教学内容：结合文章结尾："你瞧，他们在这里啦。"桑娜拉开了帐子。引导学生想象帐子拉开后，渔夫会看到什么，指导学生运用本课所学的一些写作方法，如环境描写、心理活动及对话描写，让学生对小说的结尾进行续写，真正实现迁移运用的作用。

合理地运用课文中的"留白"，不仅检验学生对课文内容的理解程度，训练学生的语言运用能力，还会激发学生的想象力，培养思维能力，可谓一举多得。正像《义务教育语文课程标准（2011年版）》中要求的那样："在发展语言的同时，发展思维能力，激发想象力和创造力。"

（三）发挥想象，创编小说

小说是一种综合性的文体，能够帮助学生发挥想象力，创编出环境典型真实、人物形象生动、情节紧凑合理的习作，从而充分感受写作的乐趣，提高写作能力。

统编教材在六年级上册小说单元的最后，安排了习作《笔尖流出的故事》。给学生设计了三组环境和人物：

1.校园里，"淘气包"和雷厉风行的班长之间产生冲突情节。

2.街头，爱心少年与志愿者会发生哪些暖心故事？

3.亲人间，月下村庄的兄弟俩又会有怎样的故事？

让学生从中选择一组或者自己创设一组，展开丰富的想象，创编故事。这三组环境都以学生熟悉的生活为基础，但它不是生活的重现和复述，而是对生活故事的加工和创编。

首先，教师可以引导学生进行充分的环境描写，提高小说内容的真实性。比如第一组任务的环境是"开满丁香花的校园"。教师可以引导学生思考："丁香花在开放时有怎样的特点？丁香花能够让校园具有怎样的特点呢？"可以抓住丁香花的颜色和气味，构造出"洁白的丁香花静静地开放，如同一片片雪花覆盖住校园，让校园中充满了芳香的气息"等环境。可以抓住丁香花的形状和大小，构造出"细密的丁香花在微风的吹动下翩翩起舞，如同一只只蝴蝶降落在花园中"的环境。还可以抓住校园的特点，构造出"宽敞而寂静的校园里没有一点脚步声，只能够微微听到丁香花随风颤动的声音"的环境。在这样的过程中，学生能够抓住事物的特点进行丰富的描写，构造出具有高度真实性的环境，为塑造人物与展开情节奠定良好的基础。

其次，教师可以引导学生融合多种生活经验，提高人物塑造的深刻性。第二组任务的人物是"充满爱心的少年陆天"，其他角色还有"流浪狗朵朵"。对此，教师可以引导学生思考："题目中的哪些话语揭示了人物和角色的形象呢？"学生能够抽取出"充满爱心""流浪狗"等关键词。对此，教师可以引导学生再思考："生活中充满爱心的人一般具有怎样的特点？一般会有哪些行为？流浪狗是怎样生活的呢？"学生由此能够联系生活中的多种场景，从而分别创编出"看到流浪狗朵朵又冷又饿，陆天急忙跑上前去，将自己仅有的面包扔给了它"；"看到有人到来，朵朵惊恐地蜷缩在角落。陆天放慢脚步，缓缓走了过去，轻轻抚摸着它的皮毛"等内容。从而塑造出具有友善、细心、温柔等特点的人物形象。在这样的过程中，学生能够深入体会生活，融合丰富的生活经验，增强小说人物塑造的深刻性。

最后，教师可以引导学生借助思维导图构思明确的写作思路，展开流畅的创编。第三组任务的环境是"月光下的村庄"，人物是"铁蛋"和"铁蛋体弱多病的爷爷"。根据这些要素，一些学生将小说的主体内容设定为"铁蛋送爷爷去医院看病"；还有一些学生将故事情节设定为"铁蛋陪爷爷散步"，对此，教师可以引导学生分别思考："乡村中的人们在夜晚看病时需要经过哪些流程？""乡村中的人们在夜晚是怎样散步的呢？"学生结合生活常识可以分别创编出"铁蛋请求邻居开车送爷爷、陪爷爷到达医院、医生诊断、住院""铁蛋搀扶爷爷行走、和爷爷回忆少年的经历、搀扶爷爷休息、向爷爷表达感恩之情"等情节。在这样的过程中，学生能够结合生活常识对小说情节进行完善的规划，有效提升创编的合理性。

（四）实践活动，拓展语用

统编语文教材中《小英雄雨来》《草船借箭》《景阳冈》《猴王出世》《红楼春趣》《我和祖父的园子》《汤姆·索亚历险记》《骑鹅旅行记》等课文都是名著节选而成的。学习这样的课文，链接课外阅读是必不可少的。通过阅读小说名著，开展丰富多彩的实践活动，也是培养学生语言文字运用能力的好方法。

学生普遍比较喜欢小说类名著，但是往往停留在对情节的猎奇层面，缺少个性化的理解和思考。因此，要指导学生阅读名著时，从情节、人物和主题等角度设计阅读实践活动。比如：引导学生用成语来形容《西游记》中的人物，用"齐天大圣、大闹天宫、火眼金睛、大显神通、忠心耿耿、明察秋毫、嫉恶如仇"等词语来形容孙悟空。积累与《西游记》中人物有关的歇后语，比如："猪八戒照镜子——里外不是人""唐僧西天取经——多灾多难""八戒吃人参果——不知啥滋味""孙猴子的脸——说变就变"……还可以让高年级同学创作剧本，进行课本剧的表演等。

又如，针对情节设计"小人书"的阅读实践活动。要尽量涉及全书所有主要情节，以督促学生认真读书，加强记忆。可以让每个学生负责《西游记》的一个章节。课前，让学生用400字以内的文字概括该章节的主要情节。课中，学生进行小组讨论，修改完善、概括文稿。然后将定稿工整地誊抄在"小人书"右侧指定栏目内。最后让学生在"大人书"左册方框内绘制与本章节相配的插图。然后采用同学互评的方式，评选出"图文最佳配合奖""插图提名奖""最佳概括奖"等。这个环节重点是分章节进行情节概括，所以要在活动开展前在课上进行情节概括指导，以进一步帮助学生熟悉情节和提升概括水平。评选活动可以在微信群里进行，让同学们即时看到评选结果，增强活动的吸引力。

再如，聚焦人物，制作简历卡的实践活动。如果简单地要求学生"写短文介绍唐僧师徒"，学生普遍表示"兴趣不大"。于是就有了"制作简历"这个任务的诞生。这个环节的主要目的在于筛选主要信息，并根据这些信息进行人物形象的精读和评价。

后　　记

《小学语文培养学生语用能力的策略研究》这本书历时六年，终于与读者见面了。衷心感谢北京师范大学张燕玲教授和北京教育学院李怀源教授的指导。

本书详细论述了我对小学生"语用能力"培养的思考与认识。书中介绍了"语用教学"理论、如何进行"语用教学"目标设计、如何找准语用训练点等内容，尤其对培养学生语用能力的策略进行了较为详细的阐述。本书的最后还初步对"不同文体的语用教学实践策略"进行了概述。不妥之处，期待读者的批评、指正。

通过阅读本书，希望能在教学实践层面给予读者帮助，也希望同人们能和我一起继续深入地研究小学生"语用"教学。

王雪莲
大兴区教师进修学校
2023年1月